Albrecht Grözinger
Es bröckelt an den Rändern

Albrecht Grözinger

Es bröckelt an den Rändern

Kirche und Theologie in einer
multikulturellen Gesellschaft

Chr. Kaiser

Die Deutsche Bibliothek – CIP-Einheitsaufnahme

Grözinger, Albrecht:
Es bröckelt an den Rändern: Kirche und Theologie in einer multikulturellen
Gesellschaft / Albrecht Grözinger. - München: Kaiser, 1992
(Kaiser-Taschenbücher; 120)
ISBN 3-459-01947-6
NE: GT

© 1992 Chr. Kaiser Verlag München
Alle Rechte vorbehalten, auch die des auszugsweisen Nachdrucks
der fotomechanischen Wiedergabe und Übersetzung
Umschlag: Ingeborg Geith, München, unter Verwendung des
Motivs »Ornamentale Komposition VIII« (1912)
von Wilhelm Morgner
ISSN 0931-7732
Gesamtherstellung: Clausen & Bosse, Leck
Printed in Germany

Inhalt

Vorwort

Der Begriff der multikulturellen Gesellschaft ist heute in aller Munde. Fast schon ist er zum modischen Schlagwort verkommen. Wenn allerdings die Mode – wie Walter Benjamin ihr zu Recht bescheinigt – eine Witterung fürs Aktuelle hat, dann verbirgt sich auch noch hinter einem modischen Schlagwort ein Sachverhalt, den es ernst zu nehmen gilt.

Deshalb soll in den folgenden Essays der Versuch unternommen werden, das Stichwort der multikulturellen Gesellschaft begrifflich zu präzisieren und zugleich zu bedenken, welche Probleme sich für das theologische Denken und die kirchliche Praxis aus dem allmählichen Werden einer multikulturellen Gesellschaft in Deutschland ergeben. Die Erfahrungen der Zeit, in der ich akademisches Lehren und die alltägliche Praxis im Pfarramt miteinander verbinden konnte, haben mich dabei in meiner These bestärkt, daß die multikulturelle Gesellschaft nicht etwas ist, das Theologie und Kirche zu fürchten haben. Die multikulturelle Gesellschaft stellt vielmehr eine fruchtbare Herausforderung dar, dem kirchlichen Handeln und der theologischen Reflexion unter veränderten Bedingungen neue Perspektiven zu erschließen.

Ludwigsburg,   im Februar 1992   Albrecht Grözinger

Einleitung

Es bröckelt an den Rändern

Zum Ort der Kirche in einer multikulturellen Gesellschaft

I.

Als sich kürzlich einige Pfarrerinnen und Pfarrer zu einem Gedankenaustausch über das Thema »Die Zukunft der Volkskirche« zusammensetzten, da fiel unter anderem das Stichwort »Es bröckelt an den Rändern«. Nun läßt sich dieser Satz auf eine doppelte Weise lesen.

Zum einen klingt darin an, daß sich ein bewährter Bau in Auflösung befinde. Das Haus der Kirche, einst in der Gesellschaft fest gegründet, ist durch neuere Entwicklungen einem Erosionsprozeß ausgesetzt. Die Kirche gerät in Gefahr. Daß da »etwas bröckelt«, stellt eine Bedrohung dar, der es zu wehren gilt. Zugleich sind in dieser Lesart des Satzes »Es bröckelt an den Rändern« auch die Grundzüge einer möglichen Antwort auf diese Herausforderung impliziert: Diesem Erosionsprozeß muß Einhalt geboten werden. Es gilt, zu retten, was zu retten ist, wie auch immer eine solche Rettungsaktion aussehen mag, wie auch immer mögliche Therapien beschaffen sein können. Es soll aufhören zu bröckeln, das alte Haus muß neu befestigt werden, wenn es denn nicht verschwinden soll.

Allerdings läßt sich der Satz »Es bröckelt an den Rändern« auch auf andere Weise lesen. Daß da etwas an den Rändern bröckelt, erscheint in dieser Lesart nicht gar so bedrohlich, weil es fraglich erscheint, ob die bisherige Architektur des Hauses wirklich so tragfähig war. Für einen Architekten oder eine Architektin, die neue Pläne im Kopf haben, ist das Bröckeln an einem alten Gebäude weniger Anlaß für einen sorgenvollen oder gar resignativen Blick, sondern ein solches Bröckeln stellt eher eine Herausforderung dar, sich dem Phantasiepotential zuzuwenden, das eine neue Architektonik zu begründen mag. »Es bröckelt an den Rändern« klingt hier weniger alarmierend als vielmehr anregend. Änderungen sind nicht gefürchtet, sie sind willkommen, wobei das alte Gebäude damit nicht dem Abbruchkommando überantwortet werden muß. Vielleicht kann das alte Haus sogar in das neue Haus integriert werden, wie es nicht wenige Architekten, die dem Stil der Postmoderne verpflichtet sind, vorbildlich realisiert haben.[1]

Wenn wir diese einleitende Metaphorik verlassen und nach dem sachlichen Kern der zur Diskussion stehenden Problematik fragen, so stellt sich die Frage: *Welchen Ort soll und kann die Kirche in einer multikulturellen Gesellschaft einnehmen?*

Dieser Frage möchte ich mich zuwenden und versuchen, – quasi als Spurensucher – einige Facetten dieser Problematik ins Auge zu fassen. Mehr als eine Spurensuche können diese Überlegungen nicht sein, denn wir stehen erst am Anfang eines Weges, dessen Ende gegenwärtig nicht abzusehen ist. Wo jedoch ein Weg als ganzer nicht zu übersehen ist, ist es umso wichtiger, einzelne Details der anfänglichen Wegstrecke genauer zu betrachten.

1 Es sei hier nur erinnert an den Gesamtkomplex des Kunstgewerblichen Museums in Frankfurt am Main oder an den Amerikan Wing des Metropolitain Museum in New York.

II.

Daß wir bereits in den Anfängen einer multikulturellen Gesellschaft leben, ist unübersehbar. Dies soll an einem Beispiel so konkret wie möglich gezeigt werden. Wer in der Innenstadt Wiesbadens am inneren der beiden Stadtringe, die sich im Laufe des Wachstums der Stadt herausgebildet haben, wohnt, der bekommt, wenn er seine Wohnung verläßt, in einem Umkreis von zehn Gehminuten Folgendes zu sehen:
Als erstes könnte der Blick eines fiktiven Spaziergängers auf den Versammlungsraum der Evangelisch-Methodistischen Gemeinde im Erdgeschoß eines Wohnhauses aus dem ausgehenden 19. Jahrhundert fallen, sodann auf die Evangelische Ringkirche, gebaut zur Zeit Wilhelms II. im Stile der historisierenden Neoromanik. Ähnliche Kirchen stehen in vielen deutschen Städten, eine Zwillingskirche zur Wiesbadener Ringkirche kann man auch im lothringischen Metz sehen. Selbst am Heiligabend-Gottesdienst ist die Kirche nur wenig mehr als halb voll: Ein Monument des Selbstbewußtseins des Protestantismus des Wilhelminischen Zeitalters. Auf brüchigem Boden steht es heute offensichtlich.
Die Ringkirche ist im Bogen umbaut mit herrschaftlichen Häusern, entstanden zur gleichen Zeit wie die Kirche selbst. Heute sind diese Häuser bewohnt von Akademikern und höheren Beamten mit ihren – soweit vorhanden – Familien. Teure Eigentumswohnungen und nicht minder teure Mietwohnungen befinden sich darunter, die Häuser selbst sind beliebte Objekte für solche, die in Immobilien das schnelle Geld machen wollen.
Keine drei Gehminuten entfernt eine völlig andere Welt: Die »Türkische Straße« könnte man sie nennen. In der Regel zweigeschossige Häuser mit Hinterhäusern in nicht sehr gutem Zustand, bewohnt hauptsächlich von Türken. Auf der Straße Läden mit orientalischem Nippes, Imbißstuben mit

Kebab und türkischen Süßigkeiten, Lebensmittelläden. Auch die Bewohner der herrschaftlichen Häuser kaufen gerne Spezialitäten in diesen Läden.

Westlich dieser Straße schließt sich ein Wohngebiet an, in dem Deutsche und Ausländer gemischt leben. In kleineren Wohnungen, die aber einen gut gepflegten Eindruck vermitteln. Einige Geschäfte sind vorhanden vom Antiquariat über Elektrowaren bis hin zu den Lebensmittelläden der großen Ketten. Und – für Wiesbaden offensichtlich ganz wichtig – die von den Anwohnern gern und häufig besuchten, nicht teuren Restaurants, italienische, griechische, chinesische, deutsche.

Weiter im Norden dieser Szenerie ein abrupter Kulissenwechsel: Die Kasernen und Wohngebiete der amerikanischen Streitkräfte mit dem dazu gehörenden Surrounding wie Gebrauchtwagenhändler, die grellen Imbißstuben von McDonald bis hin zu Kentucky Fried Chicken, Münzwäschereien. Daran sich anschließend wiederum das »gute« Wohngebiet des Westends mit wenig Läden, dafür aber charakteristischen: Dritter-Welt-Laden, Vollwertkost-Läden, Copy-Shop.

All dies ist in maximal zehn Gehminuten zu betrachten, wenn man will. Eine multikulturelle Gesellschaft existiert also in dieser Hinsicht bereits. Sie ist ein empirisches Phänomen, das sich genau beschreiben läßt. Und zugleich existiert die multikulturelle Gesellschaft noch nicht. Denn das, was unser fiktiver Spaziergänger zu sehen bekommt, ist zunächst einmal lediglich ein additives Phänomen. Was aber weiß der amerikanische GI von dem, was in den Köpfen derer vorgeht, die den Dritte-Welt-Laden betreiben, und umgekehrt? Was verbindet die Westendbewohner, die in den türkischen Läden einkaufen, mit denen, die dort verkaufen? Gibt es eine Verbindung zwischen Kunden von Kentucky Fried Chicken und denen der Vollwertkost-Läden?

Diese Fragen zeigen, daß der Begriff der multikulturellen Gesellschaft eine doppelte Ausrichtung hat. Er beschreibt sowohl ein empirisches Phänomen, wie er zugleich auch ein normatives Leitbild abgibt. Im einen Fall meint multikulturelle Gesellschaft die Addition verschiedener kultureller Lebenswelten, im zweiten Fall ist damit ein qualitativer Anspruch gestellt, nämlich der des kommunikativen Austausches zwischen den verschiedenen Kulturen, die in einer Gesellschaft existieren. In erster Hinsicht leben wir bereits in einer multikulturellen Gesellschaft. Den qualitativen Anspruch, der im Leitbild einer multikulturellen Gesellschaft mitgesetzt ist, haben wir allenfalls in ersten Ansätzen erreicht.

Vor diesem Hintergrund soll deshalb eine Leitthese formuliert werden, die dann noch näher zu entfalten und zu begründen ist. Diese These lautet: *Der Ort, den die Kirche in einer multikulturellen Gesellschaft einzunehmen hat, stellt zugleich vor die Aufgabe, daß die Kirche sich am Aufbau einer qualitativ verstandenen multikulturellen Gesellschaft beteiligt. Die Kirche sollte die multikulturelle Gesellschaft nicht als unvermeidliches Schicksal betrachten, das es zu ertragen gilt, sondern diese vielmehr als Chance begreifen, in ihr authentisch leben zu können.*

III.

Der qualitativ verstandene Begriff der multikulturellen Gesellschaft stellt zunächst einmal vor ein Problem, das nicht unterlaufen werden darf, sondern präzis zu bedenken ist. Wie läßt sich Pluralität und Authentizität der Kulturen und das Insistieren auf einem kommunikativen Austausch zwischen den Kulturen zusammendenken? Ist damit der Begriff der multikulturellen Gesellschaft nicht bereits wieder verabschiedet, indem die verschiedenen Kulturen auf einen allgemeingültigen Anspruch verpflichtet werden, einen Anspruch zudem, der vielleicht im Horizont ihrer Kultur so gar nicht existiert? Ist dieser Anspruch nicht selbst ein kultureller Sonderwert, nämlich dem Denken der europäischen Aufklärung verpflichtet? Ist die Anerkenntnis dieses Sonderwertes das Eintrittsbillet zur multikulturellen Gesellschaft, so wie wie früher die Taufe für Juden das Eintrittsbillet zur »guten Gesellschaft« war? Ist die multikulturelle Gesellschaft dann nicht ein Trick, der den verschiedenen Kulturen doch wieder die Grundbedingungen ihrer Existenz diktiert?[2]

Ich denke, man muß diese Fragen in aller Schärfe stellen, will man nicht letztlich einer Chimäre aufsitzen. Das Verhältnis zwischen der *Pluralität selbst* und der *Basis für diese Pluralität* ist in der Tat das Problem, an dem sich die Möglichkeit oder Unmöglichkeit einer qualitativ verstandenen multikulturellen Gesellschaft entscheidet. Dabei ist diese Frage nicht neu. Sie wurde in aller Grundsätzlichkeit bereits im ausgehenden 18. und im 19. Jahrhundert gestellt.

So hat Johann Gottfried Herder den jeweiligen »Volksgeist« als die Basis der verschiedenen Kulturen identifiziert, der aber gerade nicht zu einem Allgemeinen hin vermittelt werden kann. Und Joseph de Maistre, Vertreter der nachrevolutionären katholischen Staatsphilosophie in Frankreich, hat emphatisch ausgerufen: »Ich habe in meinem Leben Franzosen, Italiener, Russen gesehen. Ich weiß dank Montesquieu sogar, daß man Perser sein kann; was jedoch den Menschen anbelangt, so erkläre ich, daß ich ihm nie im Leben begegnet bin; wenn er existiert, dann ohne daß ich es weiß.«[3] De Maistre singt hier das Lob der Besonderheit gegenüber allen generali-

---

2 Wichtige Einsichten verdanke ich in diesem Zusammenhang Alain Finkielkraut, Die Niederlage des Denkens, Reinbek 1989.
3 Zit. n. Finkielkraut, a. a. O., S. 23 f.

sierenden Ansprüchen, wie sie sich – so seine Analyse – in der Französischen Revolution exzessiv angemeldet haben. Und in der Tat geht ja mit dieser Revolution eben auch der Völkermord an den Menschen in der Vendee einher, weil sie sich dem generalisierenden Postulat der durch die Revolution geboren neuen ›Nation‹ entzogen haben.

Die sachliche Gegenposition zu de Maistre findet sich bei Johann Wolfgang von Goethe formuliert. Er äußert sich gegenüber Eckermann anläßlich der Lektüre eines chinesischen Romanes, in dem er wesentliche Momente der eigenen Empfindung und des eigenen Schaffens entdeckte: »Eine wahrhaft allgemeine Duldung wird am sichersten erreicht, wenn man das Besondere der einzelnen Menschen und Völkerschaften auf sich beruhen läßt, bei der Überzeugung jedoch festhält, daß das wahrhaft Verdienstliche sich dadurch auszeichnet, daß es der ganzen Menschheit angehört.«[4]

Der Streit um die Wertung des Besonderen und Allgemeinen im Bereich der menschlichen Kultur ist also nicht neu. Neu ist für uns allerdings die Brisanz, mit der wir vor diese Frage gestellt sind. Mit der Frage, ob und wenn ja, wie beschaffen wir eine multikulturelle Gesellschaft wollen, wird über das Gesicht, das Deutschland und Europa im kommenden Jahrhundert zeigen werden, wesentlich mitentschieden werden. Zugleich zeigt uns die geschichtliche Erfahrung unseres Jahrhunderts, daß eine einfache Antwort, sei es in der einen oder anderen Richtung, in politisch-kultureller Hinsicht mehr als problematisch ist. Wo sich die Antwort hin zu allgemeinen Prinzipien neigt, dort hat das allgemeine Prinzip noch allemal versucht, alles davon Abweichende niederzumachen. Und wo der Partikularismus triumphiert, dort hat sich das Eigene noch meist als das allem Abweichenden Überlegene verstanden.

4 Zit. n. a. a. O., S. 45.

Der französische Philosoph Alain Finkielkraut hat die innere Dynamik dieser beiden möglichen Antworten pointiert so formuliert: »Die eine ordnet alle Nationen der Erde anhand derselben Werteskala; die andere proklamiert die Inkommensurabilität der Seinsweisen; die eine hierarchisiert die Denkweisen, die andere zerstückelt die Einheit des Menschengeschlechts; die eine wandelt jeden Unterschied in Minderwertigkeit um, die andere beteuert den absoluten, unüberwindlichen und unverwechselbaren Charakter der Unterschiede; die eine klassifiziert, die andere trennt; für die einen kann man nicht Perser sein, in den Augen der anderen kann man nicht Mensch sein, denn zwischen dem Perser und dem Europäer existiert kein gemeinsames menschliches Maß; die eine erklärt, daß es nur eine Zivilisation gebe, die andere, daß die Ethnien zahlreich und unvergleichlich seien. Wenn die eine zum Kolonialismus führt, so gipfelt die andere im Nazismus.«[5]

Das Verständnis einer sich einem qualitativ Anspruch stellenden multikulturellen Gesellschaft muß sich also jenseits der Alternative von Universalismus und Partikularismus ansiedeln. Nur, gibt es eine solche Alternative? Eine erste Antwort auf diese Frage ist bei Witold Gombrowicz zu finden. Er hatte sich vor seinen vom »Polentum« faszinierten Landsleuten gegen den Vorwurf zu verteidigen, durch seinen Lebensstil eben jenes »Polentum« zu verraten. Und er antwortet darauf mit einem Satz, der gerade in seiner Wahrnehmung eines Partikularen eine generelle Perspektive aufscheinen läßt: »Ist etwa ein Franzose, der für nichts Augen hat als für Frankreich, mehr Franzose? Oder weniger Franzose? Aber wirklich Franzose sein heißt doch gerade dies: etwas anderes außer Frankreich sehen zu können.«[6] Das Eigene und das

5 A. a. O., S. 83.
6 Zit. n. a. a. O., S. 108.

Fremde sind hier keine Gegensätze mehr, sondern gerade im Fremden werde ich meiner Eigenart ansichtig, wie umgekehrt das Eigene mich das Fremde erst in seiner Besonderheit wahrnehmen läßt. Allein eine solche Perspektive kann die Basis für eine qualitativ verstandene multikulturelle Gesellschaft abgeben. Dies aber erfordert zugleich, daß eine multikulturelle Gesellschaft nicht eine bloße Addition verschiedener Kulturen, Lebensstile oder Lebenswelten sein kann, sondern daß sie sich als einen Kommunikationsraum versteht, in der gerade Besonderheit zum Austausch mit Anderen verpflichtet. Und dies bedeutet zugleich, daß wir so etwas wie eine *Ethik einer multikulturellen Gesellschaft* brauchen.

IV.

Doch worin könnte das einigende Band einer (multikulturellen) Gesellschaft bestehen? Welche Normen darf eine Ethik der multikulturellen Gesellschaft verbindlich machen? Diese Frage ist gegenwärtig mehr denn je umstritten. In der aktuellen Diskussion lassen sich vor allem zwei Lösungsvorschläge erkennen. Der eine Vorschlag wird unter dem Stichwort der »Civil Religion« oder der »Zivilreligion« entfaltet, der andere kristallisiert sich um den von Dolf Sternberger geprägten Begriff des »Verfassungspatriotismus« heraus.
Die inhaltliche Füllung dessen, was der Begriff der »*Civil Religion*« oder der »*Zivilreligion*«[7] meint, ist entscheidend bestimmt von Überlegungen des amerikanischen Religionssoziologen Robert N. Bellah. Bellah hat die Aufmerksamkeit

7 Vgl. zum Problem der »Civil Religion« insgesamt: Heinz Kleger / Alois Müller (Hg.), Religion des Bürgers. Zivilreligion in Amerika und Europa, München 1986; Jürgen Lott, »Civil Religion« / »Bürgerreligion« als religionspädagogisches Problem, in: Jahrbuch für Religionspädagogik 5 (1988), S. 135–148.

auf den Tatbestand gelenkt, daß im amerikanischen öffentlichen Leben eine Vielzahl religiöser Begriffe dazu dient, das sprachlich darzustellen und auszudrücken, was wir als die nationale Identität der Staatsbürger und Staatsbürgerinnen der USA bezeichnen können, wobei die Menschen selbst in einer Vielzahl von Religionen, Kirchen, Sekten und weltanschaulichen Gruppen organisiert sind, es also eine »Staatsreligion« gerade nicht gibt. Bellah leitet daraus eine weitreichende These ab, daß es nämlich »Bestände religiöser Kultur... [gebe], die in das politische System integriert sind, aufgrund ihrer Konsensfähigkeit Zeitgenossen auch in ihrer religiösen Existenz an das politische Gemeinwesen binden und dieses selbst samt seinen Institutionen und Repräsentanten als religiös legitimiert ausweisen«[8].

Diese These Bellahs wird auch für die gegenüber den Verhältnissen in den USA sicher andersartigen Gegebenheiten in der Bundesrepublik als wirklichkeitserschließend in Anspruch genommen, wobei in der Rezeption Bellahs durchaus eine Zuspitzung seiner These zu beobachten ist. So hat Hermann Lübbe[9] unter Anknüpfung an Bellah die These vertreten, daß der moderne liberale Staat eines religiösen Fundaments bedürfe, um sich nicht in einen autoritären Macht- oder Verwaltungsstaat zu transformieren. Ein solches Fundament könne aber nicht eine Religion im konfessionellen Sinne sein, sondern eben nur eine allgemeine Zivilreligion, auf die sich dann die einzelnen Religionen einer Gesellschaft durchaus beziehen können und müssen. In diesem Sinne formuliert Lübbe: »Zivilreligion ist das Ensemble derjenigen Bestände religiöser Kultur, die in das politische System faktisch oder sogar förm-

---

8 Lott, a. a. O., S. 137.
9 Vgl. dazu Hermann Lübbe, Staat und Zivilreligion. Ein Aspekt politischer Legitimität. In: Kleger/Müller (Hg.), a. a. O., S. 195–220; sowie Ders., Religion nach der Aufklärung, Graz u. a. 1986.

lich-institutionell, wie im religiösen Staatsrecht, integriert sind, die somit auch den Religionsgemeinschaften nicht als ihre eigene interne Angelegenheit überlassen sind, die unbeschadet gewährleisteter Freiheit der Religion die Bürger unabhängig von ihren konfessionellen Zugehörigkeitsverhältnissen auch in ihrer religiösen Existenz an das Gemeinwesen binden und dieses Gemeinwesen selbst in seinen Institutionen und Repräsentanten als in letzter Instanz religiös legitimieren, das heißt auch im religiösen Lebensvollzug anerkennungspflichtig darstellen.«[10]

Diese These Lübbes zeigt im Kontext unserer Überlegungen ein Janus-Gesicht. Zum einen ist es unverkennbar, daß Lübbes These faktische Wirklichkeit durchaus zutreffend beschreibt. Religiöse Faktoren als Legitimation der staatlichen Ordnungsverhältnisse sind in der Bundesrepublik durchaus vorhanden, von der Erwähnung eines »Gottes« in der Präambel des Grundgesetzes bis hin zur religiösen Form des Eides. Zum anderen erscheint mir aber die These von der notwendigen religiösen Grundierung des Staates gerade nicht dafür geeignet, jenes einigende Band einer multikulturellen Gesellschaft zu sein, nach dem wir auf der Suche sind.

Dem stehen vor allem zwei Gründe entgegen. Erstens ist das, was Zivilreligion heißt, sowohl in den USA wie in der Bundesrepublik de facto ein Derivat der jüdisch-christlichen Tradition. Wolfhart Pannenberg hat denn auch als Theologe die These von der Zivilreligion nur in der Weise positiv würdigen können, daß er an die Stelle der Zivilreligion das Christentum setzt.[11] Von anderen Religionen würde daher ein nicht zumutbarer Verzicht abverlangt, wenn Civil Religion zum nor-

---

10 Lübbe, Religion nach der Aufklärung, S. 321.
11 Vgl. dazu Wolfhart Pannenberg, Civil Religion? Religionsfreiheit und pluralistischer Staat: Das theologische Fundament der Gesellschaft, in: Peter Koslowski (Hg.), Die religiöse Dimension der Gesellschaft, Tübingen 1985, S. 63 ff.

mierenden Fundament einer multikulturellen Gesellschaft würde. Daraus ergibt sich auch das zweite Bedenken gegen das Civil-Religion-Konzept. Es ist vor dem Hintergrund der geistesgeschichtlichen Konfliktkonstellationen schlicht nicht konsensfähig. Der linke Flügel – wenn dieser Ausdruck einmal erlaubt ist – der europäischen Aufklärung kann der These von einer wie auch immer gearteten notwendigen religiösen Fundierung der Gesellschaft nicht zustimmen, ohne wesentliche eigene Traditionsbestände dementieren zu müssen. Nicht von ungefähr ist die These von der Civil Religion in der Bundesrepublik auch eher ein Kampfbegriff im Streit zwischen (neo-)konservativen Denkern und deren Kontrahenten. Als solcher mag dieser Begriff seinen heuristischen Wert haben, ist aber gerade deshalb nicht dafür geeignet, begründende Mitte einer multikulturellen Gesellschaft zu sein.

Anders verhält es sich in dieser Hinsicht mit dem Konzept des »Verfassungspatriotismus«, wie dies jüngst vor allem durch Jürgen Habermas vertreten wurde, wobei auch dieser Begriff in einer klaren Konfliktsituation verankert ist. Habermas hat dieses Konzept im Interesse eine multikulturellen Gesellschaft entwickelt, das er anderen Konzeptionen von Kultur (vor allem der einer nationalen Identität) entgegenstellt. Einen breiten Konsens sieht Habermas gegenwärtig darin bestehen, daß eine kulturelle Option in der Bundesrepublik nur im Rahmen einer »Westbindung« möglich ist. Dies richtet sich vor allem gegen eine im deutschen Kulturraum bis auf den heutigen Tag wirkungsgeschichtlich fest verankerte politische Romantik, wie sie etwa Thomas Mann in seinen »Betrachtungen eines Unpolitischen« entwickelt hat. Die sich auf eine solche Romantik stützende These vom deutschen Sonderweg hat sich durch die Geschichte unseres Jahrhunderts nachdrücklich diskreditiert. Gleichwohl ist umstritten, wie eine solche »Westbindung« auszusehen habe. Habermas verneint »die von neokonservativer Seite aufgeworfene Frage, ob die Option für den Westen nicht breitenwirksam in einem erneuerten nationalen Selbstbewußtsein verankert werden müsse«[12]. Dieses Konzept einer in der Nation begründeten kollektiven Identität würde für Habermas nur die alten Gefahren wieder heraufbeschwören.

Es ist nun im Kontext von Überlegungen nach dem Ort der Kirche in der multikulturellen Gesellschaft so bedeutsam wie herausfordernd, daß Habermas auf der Suche nach einem Alternativkonzept zunächst einmal auf Sören Kierkegaard stößt. Kierkegaard hat die Aufmerksamkeit von Habermas dadurch geweckt, daß dieser im Zeitalter der Hochkonjunktur nationaler Bewegungen notorisch auf der Notwendigkeit nicht einer *kollektiven* Identität, sondern der Identität der *einzelnen* Person besteht. In individueller Lebensgeschichte bildet sich für Kierkegaard Identität heraus. Und das ist – an dieser Stelle stimmt Habermas Kierkegaard nachdrücklich zu – gut so. Gleichwohl hat auch Kierkegaard nicht übersehen, daß individuelle Lebensgeschichte immer in einen größeren Kontext eingebettet ist. Für Kierkegaard kehrt Individualität ins bürgerliche Leben ein und aus diesem wiederum in seine Individualität zurück als ein lebenslanger, unabschließbarer Prozeß. Gerade diese Denkstruktur Kierkegaards findet Habermas für die Problematik einer multikulturellen Gesellschaft besonders perspektivenreich. Er fragt deshalb in der Fluchtlinie des von Kierkegaards aufgezeigten Horizontes weiter: »Dann aber wird man fragen dürfen, wie denn die intersubjektiv geteilten Lebenszusammenhänge strukturiert sein müßten, damit sie nicht nur Platz lassen für die Ausbildung persönlicher Identitäten, sondern solchen Prozessen der Selbstfindung entgegenkommen. Wie müßten Gruppenidentitäten beschaffen sein, die den unwahrscheinlichen

12 Jürgen Habermas, Eine Art Schadensabwicklung. Kleine Politische Schriften VI, Frankfurt 1987, S. 162.

und gefährdeten Typus der von Kierkegaard entworfenen Ich-Identität ergänzen und stabilisieren könnten?«[13] Es kann gerade nicht darum gehen, die Individuen wiederum auf einen bestimmten Traditionsstrang religiöser, nationaler oder philosophischer Überlieferung zu verpflichten, sondern *die Mitte einer Gesellschaft ist so zu bestimmen, daß sie Vielfalt zugleich theoretisch begründet wie praktisch ermöglicht.*

An dieser Stelle rekurriert Habermas auf den Begriff des »Verfassungspatriotismus«, den er inhaltlich folgendermaßen bestimmt: »Dabei werden die Identifikationen mit eigenen Lebensformen und Überlieferungen überlagert von einem abstrakter gewordenen Patriotismus, der sich nicht mehr auf das konkrete Ganze einer Nation, sondern auf abstrakte Verfahren und Prinzipien bezieht. Diese zielen auf die Bedingungen des Zusammenlebens und der Kommunikation zwischen verschiedenen, gleichberechtigt koexistierenden Lebensformen – im Innern wie nach außen.«[14] Dies meint nun gerade nicht Geschichtslosigkeit und Abstraktion von konkreten Lebensvollzügen, sondern ein solcher Verfassungspatriotismus eröffnet erst den Raum, an dem geschichtliche Traditionen und sinnliche Lebenswelten erfahrbar werden. Habermas präzisiert denn auch ausdrücklich: »Die verfassungspatriotische Bindung an diese Prinzipien muß sich freilich aus dem konsonanten Erbe kultureller Überlieferung speisen. Immer noch prägen die nationalen Überlieferungen eine Lebensform mit privilegiertem Stellenwert, wenn auch nur eine in einer Hierarchie von Lebensformen verschiedener Reichweite. Diesen wiederum entsprechen kollektive Identitäten, die einander überlappen, aber eines *Mittelpunktes*, wo sie zur nationalen Identität gebündelt und integriert würden, nicht mehr bedürfen. Die abstrakte Idee der Verallgemeine-

13 A.a.O., S. 172 f.
14 A.a.O., S. 173.

rung von Demokratie und Menschenrechten bildet statt dessen das harte Material, an dem sich nun die Strahlen der nationalen Überlieferungen brechen – der Sprache, der Literatur und der Geschichte der eigenen Nation.«[15]

Habermas hat mit diesen seinen Überlegungen einen Weg gewiesen, der hilfreiche Perspektiven für eine qualitativ verstandene multikulturelle Gesellschaft eröffnet, ungeachtet dessen, ob man allen durch Habermas vorgebrachten Thesen folgt, und ungeachtet der Tatsache, daß der Begriff des »Verfassungspatriotismus« selbst nicht sehr glücklich erscheint.

Die verschiedenen kulturellen, religiösen und politischen Traditionen, die eine multikulturelle Gesellschaft ausmachen, sind hier auf eine Mitte zentriert, die nicht mehr eine dieser Traditionen privilegiert, sondern die die gleichen Chancen für alle eröffnen. Gleichwohl bleibt diese Chancengleichheit auf eine solche Mitte angewiesen, wenn eine multikulturelle Gesellschaft letztlich nicht zum Kampf aller gegen alle geraten soll. Denn damit wäre auch das Ende der multikulturellen Gesellschaft gesetzt, weil dann die Dominanz gewinnenden Traditionen alle anderen erdrücken würden. Die multikulturelle Gesellschaft ist gerade nicht der Dschungel. Vielmehr scheint mir die Metapher des Labyrinths oder noch besser die der offenen Landschaft weitaus geeigneter dafür zu sein, das zu beschreiben, was auch die ethische Norm einer multikulturellen Gesellschaft ausmacht.

V.

Es sprechen gewichtige theologische Gründe dafür, daß die protestantischen Kirchen in der Bundesrepublik Deutschland sich auf eine so verstandene multikulturelle Gesellschaft nicht

15 A. a. O., S. 173 f.

etwa nur mit einem deutlich hörbaren Zähneknirschen einlassen, sondern sich am Projekt einer multikulturellen Gesellschaft aktiv beteiligen können und sollen.

Diese These stellt zunächst einmal vor eine Schwierigkeit. Der Begriff der »Kultur« gehört ja nicht zu den tragenden Grundbegriffen der protestantischen Theologie. Und auf die einzige Tradition, die uns in unserem Kontext zur Verfügung steht, den »Kulturprotestantismus« nämlich, können wir – wie jüngst Friedrich Wilhelm Graf gezeigt hat – nur gebrochen zurückgreifen. Der Kulturprotestantismus hatte gerade nicht eine multikulturelle Gesellschaft im Blick, sondern er wollte ein Gegenentwurf sein zu dem Gesellschaftsbild eines konservativen Protestantismus, war sich mit diesem jedoch darin einig, daß die christliche Religion die zentrierende Mitte einer Gesellschaft zu sein habe: »Obgleich sich die Theologen beider Lager heftig bekämpften, stimmen sie an einem entscheidenden Punkt überein. Sie unterscheiden zwischen Zivilisation und Kultur und betonen, daß wahre menschliche Gemeinschaft nur auf dem Fundament einer Einheit von christlicher Religion und Kultur Bestand haben könne. Die prominente Stellung des Kulturbegriffs in der konservativen wie liberalen Theologie des 19. Jahrhunderts erklärt sich daraus, daß mit ›Kultur‹ noch einmal religiöse Integrationsprogramme formuliert werden, die ihrer Struktur nach in hohem Maße dem alten Einheitskulturdenken verwandt sind.«[16] Verstärkt wurde diese Tendenz noch dadurch, daß der theologische Neuaufbruch am Ende des 1. Weltkrieges, den die Dialektische Theologie markiert, wohl eher pluralismuskritisch denn pluralismusfreundlich waren. Und die Erfahrun-

16 Friedrich Wilhelm Graf, Bedingungen der Toleranz. Protestantismus und multikulturelle Gesellschaft, in: Evangelische Kommentare 1/90, S. 10–13, zit. Stelle S. 11. Einen anderen Akzent setzt Christopher Frey, Brauchen wir einen neuen Kulturprotestantismus?, in: Zeitschrift für Evangelische Ethik 34 (1990), S. 3–6.

gen des Kirchenkampfes, als sich die Bekennende Kirche einen wenn auch minimalen Freiraum gegenüber dem totalitären Staat ertrotzte, liefen eher – historisch verständlich! – auf eine bekenntnisgemäß-formierte Kirche hinaus denn auf eine theologische Reflexion der Bedingungen von Pluralismus. Nur der späte Bonhoeffer scheint hier eine gewisse Ausnahme zu sein. Insofern ist der These Grafs nur zuzustimmen: »Der deutsche Protestantismus hat also keine Tradition einer prinzipiell pluralismusoffenen Kulturtheorie.«[17] Oder noch schärfer: »Die monistischen Kulturideale der neuprotestantischen Tradition blockieren die notwendigen Lernschritte.«[18]

Dies erschwert und verschärft zugleich die Aufgabenstellung, vor der wir gegenwärtig stehen. Grafs eigener Vorschlag ist dem Habermas'schen nicht unähnlich, indem er auf für alle gültige, formale rechtliche Regelungen setzt, deren Begründung sich dann durchaus aus kulturell verschiedenen Traditionen speist, die sogar miteinander konkurrieren können. Graf beschreitet damit einen Weg hin zu einem geläuterten, neuen Kulturprotestantismus, der bescheidener geworden ist, der präzise unterscheidet »zwischen dem, was für alle gelten soll, und jenem, das jeder nur für sich selbst gelten läßt.«[19]

Gleichwohl wird man über die anregenden Bemerkungen Grafs hinaus auch noch einen weiteren, im engeren Sinne theologischen Grund angeben können, warum und wie sich die protestantischen Kirchen am Projekt einer multikulturellen Gesellschaft beteiligen können und sollen. Johannes Fischer hat eine instruktive Studie zum Status christlicher Rede vorgelegt, die auch entscheidende Impulse für die Frage nach

17 Graf, a.a.O., S. 12.
18 A.a.O., S. 13.
19 Ebd.

dem Ort der Kirche in einer multikulturellen Gesellschaft geben kann. Fischers These lautet, daß allein der Modus des *Bezeugens* der Struktur und dem Inhalt christlicher Rede entspricht und gerecht wird, wobei er zu präzisen Differenzierungen kommt: »Wichtig ist zu sehen, daß der Akt des Bezeugens nicht nur ein Zeugnisabgeben von etwas anderwärts Erfahrenem oder Erlebtem ist, kein bloßes Versichern da, wo nichts zu begründen und zu beweisen ist, sondern ein Akt der ausdrücklichen Repräsentanz des Wirklichkeitsraumes, der bezeugt wird, inmitten fremden Raumes... Wenn man so will, liegt die ganze Überzeugungskraft christlichen Redens und Tuns in solcher impliziten und expliziten Repräsentanz, im Feiern des Gottesdienstes, in Gebet und Fürbitte, im Helfen, Heilen und Segnen – und eben, wo es um Wahrheit geht, im ausdrücklichen Bezeugen. War es nicht dies, was die Umwelt der ersten christlichen Gemeinden aufmerken ließ, daß hier nicht nur die Behauptung oder Versicherung der Wirklichkeit des Gekreuzigten und Auferstandenen im Raum stand, sondern daß diese Wirklichkeit repräsentiert war im Tun und Reden derer, die sich in seinem Namen sammelten? Wenn wahr ist, daß nicht der menschliche Dialog Gottes Wirklichkeit erschließt, sondern daß diese durch die Schrift, durch die Erfahrung des Gebets, des Gottesdienstes oder der Sakramente erschlossen ist, dann kann menschliches Reden und Tun diese Wirklichkeit gegenüber der Welt gar nicht anders als an sich selbst, durch seine Einbindung in sie, vergegenwärtigen.«[20]

Wenn dem so ist, dann braucht die Kirche nicht mehr besorgt zu sein, wenn die zentrierende Mitte einer Gesellschaft und eines Kulturraumes nicht mehr die »Religion« oder die

---

20 Johannes Fischer, Behaupten oder Bezeugen? Zum Modus der Wahrheitsanspruchs christlicher Rede von Gott, in: Zeitschrift für Theologie und Kirche 87 (1990), S. 224–244, zit. Stelle S. 238.

»christliche Tradition« ist. Wenn dem so ist, dann war der Versuch, ein »christliches Abendland« zu schaffen, dessen Kultur für alle verbindlich werden sollte, weniger eine Chance als vielmehr eine Versuchung, die Versuchung nämlich, aus dem Modus des *Bezeugens* in den des *Behauptens* und oft eines sehr gewalttätigen Behauptens überzuwechseln. Insofern hat die Kirche mit dem Beginn einer multikulturellen Gesellschaft in Europa nicht etwas verloren, sondern etwas gewonnen: Den Raum nämlich, der dem Status ihres Redens angemessen ist. »Vergegenwärtigung« und »Einbindung« sind deshalb die Aufgabe, vor der die Kirche in der multikulturellen Gesellschaft steht.

VI.

Diese theologisch qualifizierten Leitbegriffe »Vergegenwärtigung« und »Einbindung« bedürfen einer praktisch-theologischen Konkretion, wenn sie nicht abstrakte dogmatische Begriffe bleiben sollen. Dabei bedeutet Konkretion nicht das Vorlegen einer Rezeptur, sondern Konkretion meint das Aufzeigen von Perspektiven, die dann jeweils vor Ort ihrer praktischen Umsetzung bedürfen, die ihrerseits wiederum durchaus auf plurale, vielfältige Weise geschehen kann. Auch die Kirche selbst kann und soll multikulturell existieren. In diesem Sinne sollen in vier Punkten solche praktisch-theologische Perspektiven skizziert werden.

1. Wir werden uns mehr denn je die Frage stellen müssen, welchem *Leitbild von Kirche* wir in all unseren praktisch-theologischen Entscheidungen folgen. Jeder einzelne Praxisschritt hat eine implizite Ekklesiologie und wird von dieser her normativ bestimmt. Dabei spitzt sich in der gegenwärtigen Diskussion die anstehende Entscheidung meist auf die

Alternative von Avantgardekirche oder Volkskirche zu. Doch gerade diese Alternative verstellt eher den Blick auf den notwendigen Ort der Kirche in einer multikulturellen Gesellschaft.

Das Konzept einer *Avantgardekirche*, sei es im linksprotestantischen[21] sei es im evangelikalen[22] Gewande, sperrt sich in seinem Kern gegen eine multikulturelle Gesellschaft. Gleichzeitig wird der historischen Einsicht ausgewichen, daß alle Avantgardekonzepte, sei es im politischen sei es im religiösen Gewande, vor der Geschichte versagt haben und zu unheilvollen Konsequenzen geführt haben. Wer Avantgarde sein möchte, der möchte in der Gesellschaft gerade mehr als »Vergegenwärtigung«, er möchte im Grunde anführen, und sei es als »Vortrupp des Lebens«. Zugleich droht einer Kirche, die sich als Avantgarde versteht und damit *programmatisch* Minderheitskirche sein will, die Gefahr, letztlich eine Binnenkultur auszubilden, die sich nicht mehr gegenüber dem sie umgebenden kulturellen Gesamtzusammenhang vermitteln kann. So aber geht der Kirche die theologisch notwendige »Einbindung« in die Kultur insgesamt verloren. Auch dies lehrt der Blick in die Kirchengeschichte. Deshalb möchte das Avantgardekonzept im Grunde zu viel und zu wenig zugleich. Es möchte Kirche als kulturelle Speerspitze unter dem Risiko des Verlustes einer einfühlsamen und zugleich kritischen Anteilnahme an der Pluralität der Kultur.

Diese Gefahr droht den Konzepten der *Volkskirche* nicht. Sie ist in der Tat eingebunden in die Gesellschaft, allerdings weitaus mehr durch überkommene Traditionen als durch eine theologisch begründete Wahl. Insofern steht die Volkskirche

21 Vgl. dazu exemplarisch Helmut Gollwitzer, Befreiung zur Solidarität, München 1978.
22 Vgl. dazu exemplarisch Fritz und Christian A. Schwarz, Theologie des Gemeindeaufbaus, Neukirchen-Vluyn 1984.

in einer multikulturellen Gesellschaft durchaus auf brüchigem Boden. Die Konzeptionen der Volkskirche vertrauen letztlich darauf, daß sich das Christentum als eine der *dominierenden* kulturellen Traditionen auch in den nächsten Jahrzehnten erhalten wird, sie setzen darauf, daß die in unserem Lande entstehende multikulturelle Gesellschaft so multikulturell gar nicht sein wird. Diese Sicht ist nicht unrealistisch, nur genügt diese Perspektive allein nicht, um ein begründetes Konzept einer kritischen Volkskirche zu entwickeln, die zur multikulturellen Gesellschaft wirklich ja sagen kann. Im Grunde kann eine so gegründete Volkskirche nur so lange zur multikulturellen Gesellschaft Ja sagen, solange sie in ihr einen privilegierten Platz einnimmt.

Ich möchte deshalb für eine ekklesiologische Perspektive plädieren, die sowohl auf einen Avantgardeanspruch wie auf einen dauerhaft gesicherten privilegierten Platz in der multikulturellen Gesellschaft verzichtet. Eine solche Perspektive entbindet auch von einer unnötigen Polemik gegen die historisch gewachsenen Strukturen der Volkskirche und weiß die Freiräume, die eine Volkskirche in der Tat bereitstellt und von der letztlich auch alle Avantgardekonzepte profitieren, durchaus zu schätzen. Nur können diese Freiräume nicht administrativ oder durch einen reinen Dienstleistungsbetrieb gesichert werden, sondern sie müssen wirklich inhaltlich gefüllt werden, und zwar auf die Weise, daß eine multikulturelle Gesellschaft die Existenz der christlichen Kirche als eine Bereicherung erfahren kann.

2. Dies bedeutet zugleich, daß die Kirche in eine multikulturelle Gesellschaft wirklich *eingebunden* sein muß. Das heißt: *Die Kirche muß selbst multikulturell werden.* Allein auf diese Weise kann Kirche wirklich in der Gesellschaft präsent sein. Eine exklusive Orientierung etwa an einer bestimmten gesellschaftlichen Schicht, einer bestimmten politischen Richtung

oder bestimmten religiösen Mentalität würde die Kirche zwar zu einem Faktor der multikulturellen Gesellschaft machen, in ihr selbst wäre die multikulturelle Gesellschaft dann aber nicht präsent. Und dies hätte wiederum zur Konsequenz, daß die Kirche eine qualitative Einbindung in die multikulturelle Gesellschaft verlieren müßte.

Das bedeutet jedoch nicht, daß die Kirche kein eigenes Profil zeigen sollte. Im Gegenteil lebt die multikulturelle Gesellschaft davon, daß in ihr möglichst viele Profile ansichtig werden. Um aber ihr eigenes unverwechselbares Profil zeigen zu können, muß die Kirche eine Ahnung davon haben, welche Profile in dieser Gesellschaft insgesamt aufeinander treffen. Dies stellt – und daran sollte kein Zweifel bestehen – hohe Ansprüche an die Glieder dieser Kirche und insbesondre an die in ihr hauptamtlich Tätigen. Dabei eröffnet dieser Anspruch zugleich auch die Chancen für die in der Kirche Handelnden, ihre eigenen Interessen, Kenntnisse und Fertigkeiten einzubringen. Nicht jede kann sich für alles interessieren, nicht jeder kann alles leisten. Aber je vielfältiger die Erfahrungshorizonte sind, desto eher kann wiederum die Kirche in der Gesellschaft präsent sein. Deshalb kann es auch nicht mehr länger ein allgemein gültiges Leitbild für den Pfarrer und die Pfarrerin geben.

3. Deshalb wird zunehmend eine Qualifikationen für die in der Kirche Tätigen notwendig sein, die es zwar immer auch schon gegeben hat, der es bisher jedoch nicht zu einem »offiziell« anerkannten Status gereicht hat. Ich möchte diese Qualifikation mit dem Begriff der *ästhetischen Wahrnehmungsfähigkeit* umschreiben.[23] Dies meint aufmerksame Teilhabe an

23 Vgl. dazu grundsätzlich Albrecht Grözinger, Praktische Theologie und Ästhetik. Ein Beitrag zur Grundlegung der Praktischen Theologie, München [2] 1991.

den kulturellen Strömungen und Chancen, aber auch Gefährdungen und Untiefen unserer Gegenwart. Ich kann mir nicht vorstellen, daß man heute noch sinnvoll Pfarrerin oder Pfarrer sein kann, ohne Fühlungnahme mit moderner Literatur, darstellender Kunst oder Musik. Und damit nicht ein neues verkapptes Bildungsbürgertum aufkommt, sei ausdrücklich betont, daß dazu auch der ganze Bereich der sogenannten populären Kultur wie Kino, Kriminalroman oder die Stadtteil-Scene gehört. Dies meint keine Überforderung. Nicht jeder und jede kann alles tun und wissen. Exemplarische Teilhabe ist hier allemal mehr als flächendeckende und deshalb nur oberflächliche Kenntnisnahme.

Ihre komplementäre Ergänzung findet die ästhetische Wahrnehmungsfähigkeit in der *theologischen Urteilskraft*. Erst die Verbindung von ästhetischer Wahrnehmungsfähigkeit und theologischer Urteilskraft ergeben die Kompetenz, die AmtsträgerInnen einer Kirche benötigen, die Ja sagt zur multikulturellen Gesellschaft. Wo eine solche Verbindung gesichert ist, braucht die Kirche auch keine Sorge zu haben, daß sie ihr Profil in der Vielfalt der multikulturellen Gesellschaft verliert. Ihre Besonderheit gewinnt die Kirche allein daraus, daß sie die unbestreitbar einmalige Geschichte Gottes mit Israel und des in Jesus von Nazareth zur Welt kommenden Gottes weitererzählt.[24] Sie wird aber diese Geschichte nur insoweit erzählen können, wie sie dies im kulturellen Horizont ihrer jeweiligen Gegenwart tut. Deshalb geht die theologische Urteilskraft nicht der ästhetischen Wahrnehmungsfähigkeit voraus oder umgekehrt. Sondern die theologische Urteilskraft bildet sich jeweils aufs neue an den Konstellationen heraus,

---

24 Begrifflich habe ich versucht, diesen Zusammenhang mit dem Stichwort der »narrativen Bestimmtheit« kirchlichen Handelns zu fassen. Vgl. dazu Albrecht Grözinger, Erzählen und Handeln. Studien zu einer trinitarischen Grundlegung der Praktischen Theologie, München 1989, bes. S. 102–127.

die durch die ästhetische Wahrnehmungsfähigkeit in unseren Horizont treten.

4. Aus dem bisher Gesagten läßt sich nun abschließend auch konkreter über den »Ort« reden, der der Kirche in einer multikulturellen Gesellschaft angemessen ist. Ich habe bisher bewußt den Begriff des »Standortes« vermieden. Die Kirche wird keinen *Stand*ort mehr haben können, sondern sie wird eine Kirche in *Bewegung* sein. Vor Jahren schon hat Wolf-Dieter Marsch die Kirche als eine »Institution im Übergang«[25] bezeichnet. Ich denke, daß dieses Theorem auch für die theologische, soziologische und lebenspraktische Zielbestimmung kirchlichen Handelns im Kontext einer multikulturellen Gesellschaft hilfreich ist. Vielleicht könnte es die Gestalt und der Habitus des *Flaneurs* sein, die uns neue Perspektiven eröffnen. Die Kirche der multikulturellen Gesellschaft wird vielleicht eine flanierende Kirche sein wird, wenn denn Flanieren heißt: Zeit haben nicht für desinteressierte, sondern im Gegenteil für engagierte Aufmerksamkeit.[26]

25 Vgl. dazu Wolf-Dieter Marsch, Institution im Übergang. Evangelische Kirche zwischen Tradition und Reform, Göttingen 1970.
26 Das Gegenteil davon wäre der Habitus der postmodernen Unverbindlichkeit, wie ihn Alain Finkielkraut treffend skizziert hat: »Der postmoderne Handlungsträger wendet im Leben die Prinzipien an, auf die die postmodernen Architekten und Maler sich in ihrer Arbeit beziehen: wie sie setzt er den Eklektizismus an die Stelle der früheren Ausschließlichkeit; er lehnt die grausame Alternative zwischen Akademismus und Innovation ab und würfelt souverän die Stile durcheinander; anstatt dies oder jenes zu sein, klassisch oder avantgardistisch, Bourgeois oder Bohemien, kombiniert er auf seine Weise die unterschiedlichsten Interessen, die widersprüchlichsten Einfälle; locker, mobil, nicht auf ein Kredo versteift oder in einer Zugehörigkeit erstarrt, möchte er gerne ungehindert von einem chinesischen Restaurant zu einem Klub auf den Antillen, vom Kuskus zum Königsberger Klops, vom Jogging zur Religion oder von der Literatur zum Drachenfliegen wechseln können.«(Finkielkraut, a.a.O., S. 117.) Von diesem Habitus ist der Flaneur dadurch unterschieden, daß er gerade nicht durch eine unverbindliche Wahrnehmung charakterisiert ist. Der Flaneur nimmt leidenschaftlich und enga-

Diese Ortsbestimmung ist gar nicht so weit entfernt von dem Bild, das die biblischen Texte selbst von der Gemeinde entwerfen. Nicht umsonst treffen wir in der Bibel in diesem Zusammenhang bevorzugt auf Bewegungsmetaphern. So kennzeichnet der Hebräerbrief – wie dies Ernst Käsemann formuliert hat – die Christenheit als wanderndes Gottesvolk. Paulus beschreibt die Existenz der Christinnen und Christen als einen Wettlauf im Gymnasion. Und im Kern des biblischen Gottesbildes selbst treffen wir auf Bilder der Bewegung: Gott ist die Feuersäule, die dem Volk in der Wüste vorausgeht; er ist der Wind, der unverhofft anfängt zu wehen.

Deshalb sollten auch wir keine Angst haben vor diesem in Bewegung-Sein. Die Kirche kann sich in der multikulturellen Gesellschaft, so labyrinthisch diese auch sein mag, gar nicht verlieren, solange sie auf die Stimme dessen hört, der nicht von ungefähr den Namen »Immanuel« trägt – und das heißt bekanntlich: Gott mit uns.

giert wahr. Vgl. dazu auch das Kapitel »Theologe und Flaneur« in diesem Band S. 39–52.

Historische Analysen

Flaneur und Theologe[1]

Erinnerung an eine kulturelle Struktur-Analogie

>»Flanieren ist eine Art Lektüre der
Straße, wobei Menschengesichter,
Auslagen, Schaufenster, Café-Te-
rassen, Bahnen, Autos, Bäume zu
lauter gleichberechtigten Buchsta-
ben werden, die zusammen Worte,
Sätze und Seiten eines immer neuen
Buches ergeben.«
>
> (Franz Hessel)[2]

I.

Die Zeit des Flanierens ist vorüber. Die Gestalt des Flaneurs
ist allein noch als historische erkennbar. Nur als Entschwun-
dener ist der Flaneur unserer Gegenwart präsent. Die Frage
nach dem Flaneur – auch die theologische Frage nach ihm –
wird zur Spurensuche in die kulturelle Vergangenheit. In
dieser Spurensuche erscheint allerdings anders als beim
Fluge der Eulen der Minerva nicht alles Grau in Grau, sondern im Verlorenen erscheint zugleich Unverwechselbares.
In die Spur des entschwundenen Flaneurs ist für unsere
kulturelle Gegenwart Aktualität eingezeichnet. Eine Annäherung an diese Spur kann deshalb nicht im Gestus postmoderner Unverbindlichkeit geschehen. Vielmehr ergeht
von dort her – in der dem Theologen und der Theologin vertrauten existenzphilosophischen Sprache formuliert – ›ein

---

1 Dieser Beitrag ist Rainer Volp zu seinem 60. Geburtstag zugedacht.
2 Franz Hessel, Ein Flaneur in Berlin, Berlin 1984, S. 145.

Ruf an uns‹. Diese Spurensuche erfordert unsere Empathie ebenso wie den unverstellten Blick auf uns und unsere Gegenwart.

II.

Das Flanieren war nie eine deutsche Kunst. Der Flaneur war hierzulande stets eine verdächtige Gestalt. In Thomas Manns monströsen »Betrachtungen eines Unpolitischen« ist der Begriff des Zivilisationsliteraten ein Schimpfwort, und die Goebbels'sche Propagandasprache formte den Begriff der Asphaltliteratur. Der Flaneur folgt dieser zivilisatorischen Spur des Asphalts. Franz Hessel notiert, daß – noch fernab aller politisch-ideologischen Kritik am Flaneur – der Rhythmus des Flanierens Verdacht erzeugt. Man hielt ihn auf seinen Berliner Spaziergängen für einen Taschendieb oder Sittenstrolch.[3]

Ist es nur ein Zufall, daß in dem Land, in dem der Flaneur eine verdächtige Figur ist, in der Vergangenheit so gerne marschiert wurde und heute ausgerechnet Marschmusik »Gemütlichkeit« intoniert? Die marschierenden Kolonnen (»bis alles in Scherben fällt«!) und der sich dem kollektiven Rhythmus verweigernde Flaneur sind in der Tat durch einen Abgrund voneinander getrennt. Insofern hat der faschistische Angriff auf den, der der Spur des Asphalt folgt, durchaus seine innere Logik. Wenn Masse und Macht – wie Elias Canetti gezeigt hat[4] – untergründig auf vielfältige Weise miteinander verwoben sind, so ist der Flaneur der Exponent der Ohnmacht und Verletzlichkeit.

Der Flaneur ist auf die Masse angewiesen, indem er sich ihr

3 Vgl. dazu a. a. O., S. 7–11.
4 Vgl. dazu Elias Canetti, Masse und Macht, Düsseldorf 1960.

entzieht. Er flieht die Masse, jedoch nicht in der Weise, daß er aus ihr flieht, sondern daß er in sie hineinflieht. Edgar Allan Poe hat diesen Gestus in seiner Novelle »The Man of the Crowd« (1840) meisterhaft nachgezeichnet: »Und hier, inmitten des immer stärker werdenden Gewühls, blieb ich beharrlich und ausdauernd bei meiner Verfolgung des Fremden. Doch wie zuvor schon wanderte er auf und nieder und wich während des ganzen Tags nicht aus dem Getümmel jener Straße. Und als dann die Schatten des zweiten Abends kamen, war ich zu Tode müde; ich hielt an; ich trat dem Wandrer mitten in den Weg und starrte ihm beharrlich ins Gesichte. Doch er nahm keinerlei Notiz von mir, sondern schritt weiter in feierlichem Gang, indessen ich davon abstand, ihm noch fürder zu folgen, und in Gedanken versunken zurückblieb. ›Dieser alte Mann‹, sagte ich schließlich, ›ist das Urbild und der Genius tiefer Schuld. Er bringt's nicht über sich, allein zu sein. *Er ist der Massenmensch.* Es wäre fruchtlos, ihm hinfort zu folgen; denn weder über ihn noch über seine Taten werd' ich mehr erfahren.«[5] Wie dieser ›Mensch der Masse‹, mit dem der Flaneur nicht ohne weiteres identisch ist, sucht der Flaneur in der Masse seine Tarnung. Dies ist die Subversion, die er betreibt. Deshalb geht eine anarchische Kraft von ihm aus, die doch nicht greifbar ist. Der Flaneur lebt aus der Verweigerung, einer Verweigerung allerdings, die bejaht. Er sagt Ja zu der Masse, indem er sie als Nische seiner Entzogenheit nutzt.

Teilen in dieser Hinsicht nicht zwei der gewichtigsten Gestalten der protestantischen Theologiegeschichte, nämlich Martin Luther und Karl Barth, ein Stück weit das Schicksal des Flaneurs? Beiden ist die Dialektik von Massenwirksamkeit und Einsamkeit nicht fremd. Martin Luther leuchtete die reformatorische Erkenntnis der Rechtfertigung allein aus dem Glauben, die die politische und kulturelle Landschaft Euro-

5 Edgar Allan Poe, Das Gesamte Werk, Band 4, Olten ²1976, S. 719f.

pas entscheidend verändern sollte, in der Abgeschiedenheit einer Mönchszelle auf. Karl Barth verfaßte seinen Römerbrief-Kommentar, der zur Fanfare der neuen Bewegung der Dialektischen Theologie wurde, unter dem Apfelbaum des Pfarrgartens eines abgelegenen Schweizer Dorfes. Von ihren Gegnern wurde beiden ein Hang zur Anarchie unterstellt. Diesen Ruf wurden beide – allen ihren gegenteiligen Beteuerungen zum Trotz – nicht mehr los. Auch dies verbindet sie mit dem Flaneur.

Der Flaneur gewinnt seine Erkenntnis in der Tat aus einer anarchistischen Quelle, indem er Selbstverständliches in Frage stellt. Dazu ist der fremde Blick auf Menschen und Dingen vonnöten. Georges Rodenbach, selbst Jesuitenschüler, der in seinen Novellen dem Flaneur ein unvergängliches Denkmal gesetzt hat, notiert dazu: »Es bedarf tatsächlich einer gewissen Ebbe im Straßenverkehr, einer Ordnung im Wirrwarr, einer Dosis Schweigen, damit man das *Unverhoffte* unter all den Eindrücken und Begegnungen herauserkennt.«[6] Insofern wohnt jeder Offenbarung – und der Flaneur lebt aus seinen *profanen* Offenbarungen – ein anarchisches Element inne, als sie dem Gewohnten ein ungewohntes Bild entgegensetzt.

Dieses neue Bild schafft der Flaneur nicht, er nimmt es entgegen. »Ich suche nicht, ich finde«, hat Pablo Picasso in diesem Zusammenhang gesagt. Dies ist zugleich die erkenntnistheoretische Maxime eines jeden offenbarungstheologischen Ansatzes.[7] Fernab von jeder Vergewaltigung menschlicher Vor-

6 Zit n. nach Gerd Stein (Hg.), Dandy – Snob – Flaneur. Dekadenz und Exzentrik. Kulturfiguren und Sozialcharaktere des 19. und 20. Jahrhunderts, Band 2, Frankfurt 1985, S. 121.
7 Vgl. dazu auch Albrecht Grözinger, Offenbarung und Praxis. Zum schwierigen praktisch-theologischen Erbe der Dialektischen Theologie, in: Zeitschrift für Theologie und Kirche, Beiheft 6 (1986): Zur Theologie Karl Barths, S. 176–193, bes. S. 185–189.

findlichkeiten geht es in der Offenbarung um deren Entgren-
zung. Der Mensch wird dort, wo er eine Offenbarung emp-
fängt, nicht auf seine empirische Vorfindlichkeit festgelegt, er
wird vielmehr aus ihr befreit, radikaler und konsequenter als
er dies je selbst zu tun vermag:»Nur was uns anschaut sehen
wird. Wir können nur –, wofür wir nichts kennen.«[8] Der dies
sagte, war kein Theologe, sondern der (einzige?) deutsche
Flaneur – Franz Hessel.

III.

Der Flaneur erfindet Geschichten, er findet sie nicht einfach. Geschichten liegen ihm nicht auf der Straße. Was der
Flaneur wahrnimmt, sind Bruchstücke, Fragmente, die seiner Phantasie eine Geschichte entlocken. Dazu noch einmal Georges Rodenbach: »Wehmütige Trompetensignale
klagen in die Ferne. Ohne Zweifel lieben die Liebenden
diese Schwermut, da sie sich dorthin aufgemacht haben. Sie
beschleunigen ihre Schritte. Die Sonne verflammt. Es ist,
als fürchteten sie, von dem Schatten verschlungen zu werden, in dem sie sich nicht mehr sehen können. Wie sie wie-
genden Schrittes vorbeiziehen, diese abendlichen Paare, alle
in denselben ernsten Traum versenkt! Alle scheinen sie fast
traurig jetzt. Ist es wegen des Abends? Oder um ihrer
selbst willen? Ich blicke ihnen nach, ich begleite und beob-
achte sie, ich beneide sie, setze sie zusammen und löse
sie wie Rätsel, wie zerstreute Mosaiken von einem und
demselben Grabe. Welch ein verlockendes Mysterium liegt
doch in diesen vorüberziehenden Problemen. Eine einzige
Seite des Romans wird uns gegeben, und wir wissen nicht,
wie er angefangen hat.... Welch geheime Freude, ihn

8 Hessel, a. a. O., S. 280.

sich zu vollenden, sein Ende und seinen Anfang zu erraten!«[9]

In seiner Methode kommt der Flaneur dem Geheimnis der Wirklichkeit nahe: »Wir sehen jetzt durch einen Spiegel ein dunkles Bild; dann aber von Angesicht zu Angesicht. Jetzt erkenne ich stückweise; dann aber werde ich erkennen, wie ich erkannt bin.« Dies sind die Worte eines Theologen, des Paulus von Tarsus (1. Korinther 13,12), den Worten des Flaneurs durchaus verwandt. Beide wissen, daß sich uns die Wirklichkeit nur fragmentarisch erschließt. Allerdings wissen beide auch, daß sich im Fragment wirklich etwas erschließt; darin ist die Wahrheit des Fragments begründet.[10]

Der Flaneur und der Theologe nehmen das Fragment als Fragment wahr. Dies ist alles andere als selbstverständlich. Denn alles Erkennen neigt dazu, aufs Ganze zu gehen. Und dem totalitären Zugriff des Erkennens folgt das totalitäre Handeln meist auf dem Fuße. Diesem Zwang verweigert sich der Flaneur. Er erinnert damit an eine Wunde, die darin besteht, daß sich uns die Wirklichkeit niemals abschließend auftut. Der Flaneur folgt weniger einer Hermeneutik der Aneignung als vielmehr einer Hermeneutik der Distanz. Insofern hält der Flaneur einer biblischen Einsicht die Treue: »Es ist noch nicht erschienen, was wir sein werden.« (1. Johannes 3,2.)

In diesem Satz ist zugleich gesagt, daß das Fragment nicht Fragment bleiben will und nicht Fragment bleiben soll. Insofern haftet jedem Fragment der Schmerz und die Sehnsucht,

---

9 Zit. n. Stein (Hg.), a. a. O., S. 117.
10 Vgl. dazu auch Henning Luther, Identität und Fragment. Praktisch-Theologische Überlegungen zur Unabschließbarkeit von Bildungsprozessen, in: Theologia Practica 20 (1985), S. 317–338; sowie Albrecht Grözinger, Theologie und Kultur. Praktisch-Theologische Bemerkungen zu einem komplexen Zusammenhang, in: Theologia Practica 24 (1989), S. 201–213, bes. S. 210–212.

ganz zu werden, an.[11] Auch daran erinnert der Flaneur, indem er aus den Bruchstücken, die er wahrnimmt, Geschichten entspinnt. Doch identifiziert er diese Geschichten niemals bruchlos mit dem, was er wahrnimmt. Der Flaneur ist sich der Differenz zwischen seinen Geschichten und den Menschen, von denen er erzählt, bewußt. Insofern hält er ihnen in ihrer fragmentarischen Gestalt die Treue und nimmt zugleich an ihrem Schmerz und ihrer Sehnsucht teil, indem er ihre Vollendung in seinen Geschichten spielerisch ertastet. Dem Flaneur sind die Menschen – gerade als Fragment – auch schon das, was sie sein können und was sie sein werden. Seine Anthropologie ist ihm – wie die biblische Anthropologie – eine Anthropologie auf Zukunft hin. Erst im Eschaton erschließt sich die Wirklichkeit des Menschen ganz.

IV.

Ist der Boulevard die gute Stube des Flaneurs, so ist die Passage sein Boudoir. Walter Benjamin hat die Passage den »Zufluchtsort für alle Überraschten« genannt.[12] Wer eine Passage betritt, dem tut sich eine neue Welt auf. Nicht von ungefähr – so beobachtete Benjamin auch – finden sich an den Zutritten zu den Passagen oft Briefkästen. So kann der, der sie betritt, der Welt noch eine Botschaft hinterlassen – für den Fall, daß er nicht wiederkehrt.

Was zieht den Flaneur in die Passage? Er folgt seiner Emphase für das Besondere. Dieses Besondere ist nicht auf den Prachtstraßen, auf den großen Boulevards zu finden, sondern

11 Vgl. dazu Henning Luther, Schmerz und Sehnsucht. Praktische Theologie in der Mehrdeutigkeit des Alltags, in: Theologia Practica 22 (1987), S. 295–317.
12 Vgl. dazu insgesamt Walter Benjamin, Gesammelte Schriften, Band V / 1 – Das Passagen-Werk, Frankfurt 1982.

in den Nischen und Durchbrüchen. Die Passage ist die zur Architektur gewordene Lust am ungehinderten Verfolgen einer Spur, die ins Abseits führt. Baudelaire hat es als die Lust des Flaneurs bezeichnet, der Spur des Glücks nachzulaufen.[13] Da das Glück nicht auf der Straße liegt, muß der Flaneur die Straße verlassen. Als Spürhund des verlorengegangenen Glücks betritt er die Passage, die als eine eigene Welt immer auch eine Gegen-Welt zum Draußen darstellt. Es ist die Welt des Besonderen, des Nippes, des Abweichenden, des Überraschenden und des Exotischen. In dieser Welt scheint dem Flaneur sein Glück auf.

Man hat nicht zu Unrecht an der Figur des Flaneurs einen antidemokratischen Affekt beobachtet. Der Flaneur haßt nichts so sehr, als sich mit der Masse gemein zu machen. Jedoch wäre es zu vordergründig, daraus auf eine Affinität zu einem autoritären politischen Leitbild zu schließen. Der antidemokratische Affekt des Flaneurs erwächst aus der Leidenschaft für das Besondere und Unverwechselbare. Antidemokratisch ist der Flaneur dort, wo unter Demokratie der Habitus der Gleichmacherei verstanden wird. Sensibel beobachtet der Flaneur den mit dem modernen demokratischen Gedanken einhergehenden kulturellen Wandel der Zivilisation. Massenindustrielle Fertigung der Konsumwaren vereinheitlicht die, die diese Waren kaufen und damit ihr Leben gestalten. Deshalb ist der Flaneur in einer Welt ausgestorben, in der alle die gleichen Bestseller lesen und in der in Hongkong, New York und Buenos Aires die Speisekarten der Fast-Food-Ketten identisch sind. Die Provokationen, denen der Flaneur huldigt, sollen den Bann der Einheitskultur durchbrechen. Sein Nicht-Mitmachen, die Flucht in die Passage, ist die Erinnerung an das Anders-Sein. Insofern ist der Flaneur gerade in seinen antidemokratischen Affekt demokratischer, als die

13 Charles Baudelaire, Werke. Band 4, Dreieich 1981, S. 297.

warenproduzierende Gesellschaft die Demokratie haben will. Demokratie ist dem Flaneur nicht Gleichmacherei, sondern die Voraussetzung für Buntheit, in der jeder noch so kleine Farbtupfer das angestrengte Interesse des Beobachters wert ist.

Die biblische Überlieferung kennt das schöne Gleichnis des Jesus von Nazareth vom verlorenen Schaf. Ein Hirte – so erzählt dieses Gleichnis – läßt die neunundneunzig übrigen Schafe allein, um sich auf die Suche nach dem einen, dem verlorenen, zu machen. Insofern teilt dieser Hirte mit dem Flaneur den Gestus der Suche nach dem Besonderen. Wenn es ein auch von seinen Gegnern respektiertes Verdienst des Christentums gibt, so ist dies der – von Kirche und Theologie gleichwohl vielfach verratene – Gedanke vom unendlichen Wert des Einzelnen. Oft hat man deshalb dem Protestantismus einen Hang zum Individualismus vorgehalten. Dieser Vorwurf ist dort berechtigt, wo unter Individualität der Konkurrenzkampf aller gegen alle verstanden wird. Daß der Mensch dem Menschen ein Wolf ist, ist die geheime Melodie der bürgerlichen Gesellschaft. Demgegenüber erinnern der Flaneur und jede und jeder sich selbst recht verstehende Theologin und Theologe an eine andere Form von Individualität, die ihre Basis darin hat, daß der unendliche Wert des Einzelnen sich nicht erst im Konkurrenzkampf aller gegen alle herausstellt, sondern unveräußerlicher Bestandteil der Conditio Humana ist. Besonderheit ist dann nicht mühsam erkämpftes, durch Niederlagen anderer erkauftes Terrain, sondern der unverwechselbare Farbtupfer auf einem nicht-hierarchischen Gemälde mit dem Titel »Der Mensch dem Menschen ein Mensch«. An diesem Gemälde malen Flaneur und Theologie gleichermaßen.

Um das Jahr 1840 sollen Flaneure in Paris beim Promenieren Schildkröten an Halsbändern mit sich geführt haben. Die Schildkröten haben den Flaneuren ihr Schrittempo vorgegeben. Diese skurrile Erscheinung in der Geschichte des Flanierens zeigt, daß der Flaneur auch zum Kampf um die Zeit angetreten ist. Einer Zivilisation, in der sich das Tempo der Veränderungen immer rasanter gestaltet, setzt der Flaneur seine Schildkröte am Halsband entgegen. Wie ein Don Quijote mit der Lanze gegen die Windmühlen kämpfte, so tritt der Flaneur mit einer Schildkröte gegen Dampfmaschinen und Turbinen an. Und so wie Don Quijote keine nur lächerliche Figur ist, sondern für das verloren gehende Maß des Menschlichen steht, so erinnern auch der Flaneur und seine Schildkröte an eine Wahrheit.

Diese Wahrheit besteht darin, daß Zeit nicht nur eine lineare, sondern auch eine qualitative Dimension hat. Des Menschen Lebenszeit ist nicht allein Chronos, sondern auch Kairos. Die neutestamentliche Wissenschaft weiß seit den epochemachenden Forschungen von Johannes Weiss und Albert Schweitzer, daß die eschatologische Verkündigung des Jesus von Nazareth entscheidend dadurch bestimmt ist, daß in ihr eine merkwürdige Zeitansage enthalten ist: *jetzt* ist die Zeit der Nähe Gottes. Wer dieser Zeitansage entspricht, der gewinnt sein Leben, wer sie verkennt, der verliert es.

In jenen Flaneuren, die mit ihren Schildkröten die Boulevards bevölkerten, erklingt ein merkwürdig verfremdeter Nachhall dieser Botschaft. Nicht das Tempo der Maschinen und der Akkumulation von Waren und Geld soll das Zeitmaß des Menschen sein. Der Flaneur weiß, daß er mit dieser Botschaft auf einsamem Posten steht. Qualitativ erfüllte Zeit ist ihm stets auch entschwindende Zeit, er kann sie nicht festhalten. Zeit kämpft gegen Zeit – und der Flaneur erhebt seine schwache Stimme für die stets bedrohte menschliche Zeit, für das Zeitmaß des Humanen. Baudelaire hat diese Erfahrung in einem Sonett seiner »Fleurs du Mal« eindrücklich beschrieben:

»Betäubend heulte rings der Straßenraum.
Lang, schmal, in hohem Schmerz und großer Trauer
Ging eine Frau vorbei. Die Hand, genauer
Zu balancieren, hob des Kleides Saum;

Beweglich, vornehm, Beine, die sie höhten.
Ich trank, verkrampft und spannend wie ein Wahn,
Ihr Auge grau, ein schlafender Orkan,
Süße, die fessel, Wonnen, die uns töten.

Ein Blitz, dann Nacht! Flüchtiger Schönheit Schau,
Die jäh mich neu geboren machte.
Werd ich dich nie mehr sehn, einzge Frau?

Sehr fern! Zu spät! Nie vielleicht, wie ich's dachte!
Denn du entflohst, wir bleiben unbekannt.
Dich hätte ich geliebt, die mich verstand!«[14]

Nicht selbstgefälliger Welt-Schmerz spricht aus diesen Zeilen Baudelaires, sondern die präzise und realistische Einsicht, daß der Mensch seine Zeit nicht in Händen hat. Die Zeit des Menschen ist immer konkret bedrohte Zeit, gelungene Zeit ein Geschenk, das nicht hoch genug geschätzt werden kann. So werden die Schildkröten, die die Flaneure mit sich führten, der Theologin und dem Theologen zur mahnenden Erinnerung an eine ihnen eigene Sache, dem Wissen darum nämlich, daß jedes Ding seine Zeit hat (Kohelet, Kapitel 3).

14 Zit. n. Stein (Hg.), a. a. O., S. 115.

Der Flaneur *liest* das Leben auf den Boulevards und in den Passagen. Der Asphalt ist ihm ein aufgeschlagenes Buch. Wenn er die Spur eines Passanten verfolgt, wenn seine Phantasie das Wahrgenommene wieder-holt, indem es ihm eine Geschichte entspinnt, so ist dies, als blättere er in einem Buch. Keiner ist im Buch des Lebens so heimisch wie der Flaneur. Zugleich ist ihm dieses Buch kein abgeschlossenes; er selbst schreibt an ihm weiter.

Welches Buch liest der Theologe, die Theologin? Ihnen sind das Buch der Bücher und das Buch der Welt[15] zur Konkurrenz geworden. Das Lesen im Buch der Welt wird ihnen oft, und meist von ihresgleichen, als Allotria, als ›natürliche Theologie‹, als Abweichen vom Pfad der Orthodoxie vorgehalten. Dies hat einsehbare historische Gründe. Martin Luther hat das Wort Gottes in das Zentrum der Theologie gestellt. Dabei war ihm dieses Wort lebendiges, weltumfassendes und weltumstürzendes Wort. Deshalb wußte Luther noch im Buch der Bücher und im Buch der Welt gleichermaßen zu lesen.

Erst die altprotestantische Orthodoxie hat dann das Wort Gottes mit der Schrift identifiziert. Die Lehre von der Verbalinspiration setzt das lebendige Wort Gottes zwischen zwei Buchdeckeln still. Seitdem ist die Theologie primär Textwissenschaft. Das Lesen im Buch der Welt ist ihr verdächtig geworden.

Verstärkt wurde diese Tendenz noch dadurch, daß der Vater der neuzeitlichen Hermeneutik, Friedrich Schleiermacher, die Grundzüge der Hermeneutik im wesentlichen anhand der schriftlichen Überlieferung entwickelte. Verstehen ist der

15 Vgl. dazu auch Hans Blumenberg, Die Lesbarkeit der Welt, Frankfurt 1981.

Theologie deshalb primär das Verstehen von Texten. Darüber verlernten der Theologe und die Theologin allmählich das Lesen der Dinge selbst. Wissenschaftlicher Fortschritt wurde zum Kommentar über den Kommentar eines Kommentars. Lesen wurde so zur Welt-Flucht und Welt-Entfremdung gleichermaßen. Kein Wunder, daß den so geschulten Predigern die HörerInnen unter ihrer Kanzel wegliefen. Vom Buch ihres Lebens war dort oben auf der Kanzel nicht mehr die Rede.

Demgegenüber weiß das Buch der Bücher seinerseits sehr wohl und auf eine eindrückliche Weise im Buch der Welt zu lesen:

»Die Himmel erzählen die Ehre Gottes,
die Tat seiner Hände meldet das Gewölb:
Sprache sprudelt Tag dem Tag zu,
Kunde zeugt Kunde der Nacht an,
kein Sprechen ists, keine Rede,
unhörbar bleibt ihre Stimme, -
über alles Erdreich führt ihr Schwall,
an das Ende der Welt ihr Geraun.«

(Psalm 19,2–5 in der Übertragung Martin Bubers.)

Das Buch der Bücher ist die kritische Re-Lecture des Buches der Welt. Auf diese Weise ist es uns Anleitung dazu, das Buch der Welt zu lesen. Der Flaneur erinnert den Theologen und die Theologin daran, daß sie zwei Bücher zu lesen haben – das Buch der Bücher und das Buch der Welt. Wo beide als exklusiver Gegensatz verstanden werden, dort nehmen beide Schaden. Das Buch der Bücher wird zum stummen Dokument und das Buch der Welt hat nur leere Seiten. Wo aber beide ineinander gelesen werden, dort verändert sich auch der wissenschaftliche Status der Theologie. Sie ist dann nicht mehr allein Textwissenschaft, sie wird zur Wahrnehmungswissenschaft, indem sie – geschult am Buch der Bücher – die Menschen und die Dinge, die Welt mithin, wahrnimmt: aufmerksam, mit Phantasie und Empathie, in Schmerz und Sehnsucht – wie einst der Flaneur, der uns heute entschwunden ist.

...als wäre nichts geschehen«

Rekonstruktion der kulturellen Dramaturgie einer umstrittenen theologischen Formel

I.

Kaum eine theologische Positionsbestimmung – dazu noch sprachlich konzentriert auf eine Pointe von wenigen Worten – ist bis auf den heutigen Tag so umstritten geblieben wie Karl Barths Bemerkung in seiner Streitschrift vom Juni 1933 »Theologische Existenz heute!«, es käme jetzt alles darauf an, *»nach wie vor und als wäre nichts geschehen – vielleicht in leise erhöhtem Ton, aber ohne direkte Bezugnahmen – Theologie und nur Theologie zu treiben«* [1]. Ist in diesen Worten eine Selbstrevision Barths zu sehen, der noch in seiner Aufbruchssituation im Jahre 1922 seinen theologischen Zeitgenossen zugerufen hat: »Es geht nicht an, hier sicher und geläufig weiterzureden, als wäre nichts geschehen« [2], wo doch sehr wohl etwas geschehen ist, nämlich im Zusammenbruch der Kultur der bürgerlichen Welt nach dem Ersten Weltkrieg »die Aufrichtung eines Menetekels von beachtlicher Größe und Deutlichkeit« [3]? Widerruft der Karl Barth des Jahres 1933 den des Jahres 1922? Ist aus dem unbestreitbar politisch-kulturell engagierten Theologen des Safenwiler Pfarramts [4] ein Mann geworden, an dem im Jahre der beginnenden faschistischen Diktatur nur eine »schwer erträgliche politische Gelas-

1 Karl Barth, Theologische Existenz heute!, München 1933, S. 3.
2 Karl Barth, Das Wort Gottes und die Theologie, München 1924, S. 134.
3 Ebd.
4 Vgl. dazu Friedrich-Wilhelm Marquardt, Der Aktuar. Aus Barths Pfarramt, in: Einwürfe 3. Karl Barth: Der Störenfried?, München 1986, S. 93–139.

senheit«[5] zu beobachten ist? Wäre somit jene Formel der Ausdruck eines nur noch ironisch zu konstatierenden Widerspruchs, der darin bestünde, daß auf der einen Seite – wie Trutz Rendtorff zu Recht bemerkt – das »Allgemeinwerden des Einflusses der Theologie von Karl Barth... ohne den Kirchenkampf nicht denkbar«[6] gewesen wäre, während auf der anderen Seite dieser kirchen- und allgemeinpolitischen Wirkung ein ausgesprochen unpolitisches Selbstverständnis gegenüberstünde?

Die Antworten auf diese Frage werden bis auf den heutigen Tag äußerst kontrovers diskutiert. An dieser Stelle soll der Versuch unternommen werden, in diese Diskussion mit einigen *praktisch-theologischen* Bemerkungen einzugreifen. Die praktisch-theologische Dimension weist aber über eine – sicher notwendige und unersetzliche – textimmanente Interpretation hinaus auf das *komplexe kulturelle Umfeld*, in dem ein Text entsteht. Deshalb soll hier eine Rekonstruktion der *kulturellen Dramaturgie* versucht werden, die zu jener Formel erst genötigt hat. Die Tiefenschärfe dieser Rekonstruktion soll dadurch verstärkt werden, daß die Reaktion *Karl Barths* im Jahre 1933 in Beziehung gesetzt wird zum Verhalten von *Karl Kraus* angesichts des siegreichen Faschismus in Deutschland. Der Kunstgriff einer solchen Konstellation ist dabei keineswegs zufällig, denn in beiden Stellungnahmen lassen sich erstaunliche Parallelen feststellen. Die Nähe von

5 Klaus Scholder, Die Kirchen und das Dritte Reich, Band I, Frankfurt/Berlin/Wien 1977, S. 553.
6 Trutz Rendtorff, Theorie des Christentums. Historisch-theologische Studien zu seiner neuzeitlichen Verfassung, Gütersloh 1972, S. 163. Vgl. dazu die nicht minder richtige Feststellung: »Doch hat erst die Kampfsituation nach 1933 der Kampfsituation des Römerbriefes von 1919 den realen, erfahrbaren Kontext geliefert.« (A.a.O., S. 173.) Was allerdings – wie ich meine – weniger gegen den Karl Barth von 1919 spricht, als vielmehr gegen die mangelnde historisch-kulturelle Sensibilität seiner damaligen theologischen Zeitgenossen.

Karl Barth zu Karl Kraus läßt die Formel »als wäre nichts geschehen« in einem eindeutigeren Licht erscheinen. Der Schein, der von Karl Kraus her auf Karl Barth fällt (dies gilt natürlich auch umgekehrt), beleuchtet auch die Unverwechselbarkeit der theologischen Position von Karl Barth in der epochalen kulturellen Erfahrung des deutschen Kirchenkampfs.

II.

1. Es hat sich einer einen Namen gemacht...

A

Karl Kraus war eine Institution. Noch heute ist sein Name identisch mit dem, was unter ›Kritik‹ im besten Sinne des Wortes zu verstehen ist. Selbst der Nimbus des Berliner Theaterkritikers Alfred Kerr, der für das Berlin der Jahrhundertwende bis hin zum Jahre 1933 auch eine (gefürchtete und geachtete!) Institution war, verblasst gegenüber Karl Kraus in Wien. Im April 1899 erscheint die erste Nummer der Zeitschrift »Die Fackel«, jenes manischen Unternehmens, mit dem Karl Kraus auf Tausenden von Seiten als Allein-Herausgeber und Allein-Autor scheinbar unerschöpflich das Panorama seiner Zeit kritisch zeichnet. Die letzte Nummer der Fackel erscheint im Februar 1936. Daneben stehen seine berühmten Vorlesungen, deren Fulminanz Elias Canetti in seiner Autobiographie eindrucksvoll geschildert hat.[7] In der letzten Nummer der »Fackel« ist die 700. Vorlesung für den »2. April [1936], 1/4 8 Uhr« angekündigt. Karl Kraus ist am 12. Juni 1936 gestorben. Sein Tod wurde als das Ende einer Epoche empfunden.

7 Vgl. dazu Elias Canetti, Die Fackel im Ohr, Frankfurt 1982, S. 64–72.

B

Karl Barths »Römerbrief« erscheint bekanntlich in 1. Auflage im Jahre 1919. Die 2. veränderte Auflage, die seinen Ruhm begründet, folgt im Jahre 1922. Im gleichen Jahr wird die Zeitschrift »Zwischen den Zeiten« als Organ der neuen theologischen Bewegung gegründet. Zur selben Zeit debattiert Barth in der »Christlichen Welt«, dem renommierten Organ der Liberalen Theologie, mit deren profiliertestem Vertreter, Adolf von Harnack, und spitzt damit die Kontroverse zu. Im Jahre 1921 erreicht ihn der Ruf an die Universität Göttingen, dem in kurzen Abständen die Rufe nach Münster und Bonn folgen. 1927 erscheint die »Christliche Dogmatik«, 1932 der erste Band der »Kirchlichen Dogmatik«. Mit »Quousque tandem...?« bezieht Barth im Jahre 1930 auch kirchenpolitisch unüberhörbar Stellung. Barth ist somit in den 20er-Jahren zum unübersehbaren Schulhaupt einer neuen theologischen Denkrichtung geworden. So kann bereits im Jahre 1928 Paul Schempp den »Barthianismus« als *Bewegung* ironisch-kritisch in den Blick nehmen.[8]

2. ... und deshalb werden Erwartungen an ihn gerichtet

A

Die letzte reguläre Nummer der »Fackel« vor Hitlers Ernennung zum Reichskanzler am 30. Januar 1933 erscheint Ende Dezember 1932 und enthält unter anderem Karl Kraus' berühmten Essay über »Die Sprache«. Dann schweigt Karl Kraus. Erst im Oktober 1933 erscheint eine kurze Sonder-

---

8 Vgl. dazu Paul Schempp, Randglossen zum Barthianismus, in: Jürgen Moltmann (Hg.), Anfänge der Dialektischen Theologie, Band II, München 1963, S. 303–313.

nummer der Fackel (mit vier Seiten), die lediglich einen Nachruf auf den Architekten Adolf Loos enthält, in dem sich Karl Kraus jeder aktuell-politischen Äußerung enthält, allenfalls spricht er in »leise erhöhtem Ton« (Barth). Auf die letzte Seite dieser Ausgabe setzt Karl Kraus das folgende Gedicht:

»Man frage nicht, was all die Zeit ich machte.
Ich bleibe stumm;
und sage nicht, warum.
Und Stille gibt es, da die Erde krachte.
Kein Wort, das traf;
man spricht nur aus dem Schlaf.
Und träumt von einer Sonne, welche lachte.
Es geht vorbei;
nachher war's einerlei.
Das Wort entschlief, als jene Welt erwachte.«[9]

Die Presse der deutschen Emigration, deren Zentrum damals noch Prag war, ist dies zu wenig. Sie bedrängt Karl Kraus intensiv, endlich sein Schweigen zu brechen. Im »Aufruf« vom 1. 11. 1933 heißt es dazu: »Ist das Elend der Zeit so groß geworden, daß selbst das Licht der Fackel nicht mehr leuchten will und die eindringlichste Stimme Europas verstummt? Hat der Barbarenstiefel auch hierher getreten und bewirkt, daß die Resignation in ein Herz eingezogen ist, das bisher nicht nur frei davon war, sondern das alle Gegengifte der Resignation verbreitet und gezüchtet hat? Sehen wir den Ewigjungen nun doch stehen bleiben, den Kopf senken und die Hand vor die Augen halten?«[10] In der »Wahrheit« vom 4. 11. 1933 ist zu lesen: »Hat ein Karl Kraus in einer Zeit, in der kleinere Geister schmählich *ver*sagten, nichts zu *sagen*?«[11] Am kritischsten äußern sich am 15. 11. 1933 die »Neuen

9 Die Fackel, Nr. 888, S. 4.
10 Zit. n. Die Fackel, Nr. 889, S. 1.
11 A. a. O., S. 3.

Deutschen Blätter«: »Die Faschisten können zufrieden sein!«[12] Angesichts dieser Schärfe der Angriffe auf Karl Kraus fordert der »Gegenangriff« diesen am 16.11.1933 auf, endlich »sein Schweigen, das zum Himmel schreit, zu erklären«[13].

Man sieht: Der Druck auf Karl Kraus, Stellung zu beziehen, ist immens. Karl Kraus sieht sich gezwungen, zu handeln.

B

Auch Karl Barth wird zu einer Stellungnahme *gedrängt*. In der Zeit von April bis Juni 1933 erreichen ihn viele Briefe, die ihn zu einem Wort zur aktuellen kirchenpolitischen Lage auffordern.[14] In diesen Wochen ist die Lage bestimmt durch die Auseinandersetzungen um das Amt des Reichsbischofs, die sich in der personellen Alternative zwischen Friedrich von Bodelschwingh (gestützt durch die sogenannte »Jungreformatische Bewegung«) und Ludwig Müller als Hitlers Bevollmächtigtem für die Evangelischen Kirchen konkretisierten. In welch massiver Weise Karl Barth von seinen theologischen Freunden gedrängt wird, gerade in dieser Frage Stellung zu beziehen, dokumentiert ein Brief Charlotte von Kirschbaums an Barths Mutter vom 15. Juni 1933:

»Vorgestern Abend kamen Wilhelm Vischer, Fritz Lieb und eine junger Pfarrer aus Bochum, ein ehemaliger Schüler von Karl, um mit diesem über die Frage ›Bodelschwingh‹ zu diskutieren. Alle drei waren durchaus der Ansicht, daß jeder kirchlich denkende Mensch sich jetzt unbedingt hinter diesen Namen stellen müsse, wenn nicht die Existenz der deutschen Kirche überhaupt in unheilvoller Weise bedroht werden solle. In einem langen Gespräch gelang es Karl insbes. Helmi Vischer klar zu

12 A. a. O., S. 4.
13 A. a. O., S. 5.
14 Vgl. dazu Hinrich Stoevesandt (Hg.), Karl Barth, Theologische Existenz heute!, München 1984, S. 90.

machen, was an dieser Haltung ihn erschrecke und wie stark in diesem Denken die ›Kirche‹ in ›Kirchenpolitik‹ aufgelöst sei. Vischer war der Ansicht, daß gerade *das* jetzt einmal laut und offen *gesagt* werden müsse, und als dann auch der Bochumer Pfarrer im Namen vieler Anderer es aussprach, wie sehnsüchtig sie Alle auf ein Wort von Karl Barth warteten in dieser allgemeinen Verwirrung und Haltlosigkeit, da entschloß Karl sich dieses Wort zu schreiben.«[15]

Hat sich Barth noch im April 1933 »nach links wie nach rechts«[16] geweigert, dem Drängen nach einem solchen Wort nachzugeben, so beugt er sich nunmehr diesem Erwartungsdruck. Das Ergebnis ist die am 25. Juni 1933 abgeschlossene Schrift »Theologische Existenz heute!«. Karl Barth versäumt nicht, gleich im ersten Satz diesen Zusammenhang explizit beim Namen zu nennen: »Mir ist in einer zuletzt nicht mehr zu überhörenden Weise zugerufen worden, daß manche unter meinen ehemaligen akademischen Zuhörern und auch manche Andere von den an meiner theologischen Arbeit Beteiligten sich längst fragten, ob ich zu den uns alle nun seit Monaten beschäftigenden kirchlichen Sorgen und Problemen nicht auch etwas zu sagen haben möchte.«[17]

3. Die Aktion

A

Karl Kraus reagiert mit einem Verhalten, das diejenigen, die so ungeduldig auf ein Wort von ihm warteten, in eine noch größere Verlegenheit stürzt. Er läßt nämlich dem »Gegenan-

15 Zit. n. Hinrich Stoevesandt, »Von der Kirchenpolitik zur Kirche«. Zur Entstehungsgeschichte von Karl Barths Schrift »Theologische Existenz heute!« im Juni 1933, in: Zeitschrift für Theologie und Kirche 76 (1979), S. 126.
16 Klaus Scholder, a. a. O., S. 551.
17 Karl Barth, Theologische Existenz heute!, a. a. O., S. 3.

griff«, der sein Gedicht aus der »Fackel« vom Oktober 1933 abgedruckt hat, durch seinen Rechtsanwalt mitteilen, daß er rechtliche Schritte gegen diesen Abdruck »im Sinne des Paragraph 11 des Gesetzes vom 10. Juli 1933, Nr. 126 der Sammlung der Gesetze und Verordnungen«[18] einleiten werde, da sein Gedicht falsch zitiert sei. Es heiße nicht – wie im »Gegenangriff« zu lesen ist – »Kein Wort das traf«, sondern »Kein Wort, das traf«. Er geht vor Gericht, wird abgewiesen, geht in die Berufung und verliert den Rechtsstreit in zweiter Instanz. *Karl Kraus prozessiert also um ein Komma.*

In der »Fackel« vom Juli 1934 versucht Karl Kraus, seine Aktion zu erklären, befürchtet jedoch von vornherein, daß seine ehemaligen Freunde diese Erklärung »noch weniger verstehen werden als das, was erklärt werden soll«[19]. Er gibt diese Erklärung aus dem einzigen Grund, damit nicht »noch mehr gefragt wird und mithin vielleicht doch ein Hindernis im Weg stände, wenn er tun wollte, was ihm beliebt, nämlich zu den kleinen Themen im Gebiete des Geisteslebens übergehen«[20]. Sein einziges Interesse bestehe darin, »die unterbrochene Verbindung mit den Interessen der Sprache, der Kunst, der Menschheit höheren Ranges ohne ein vermittelndes Wort aufzunehmen«[21]. Karl Kraus nimmt also für sich in Anspruch, seiner Arbeit der *Kritik* nachzugehen, ohne zu der aktuellen politischen Lage Stellung beziehen zu müssen – durchaus also »als wäre nichts geschehen«.

Karl Kraus untermauert sein Verlangen mit dem Hinweis, daß im Sieg des Faschismus das »Schlagwort den Schlag entbunden hat«.[22] Dieser Hinweis – der m.E. den hermeneutischen Kern seiner Argumentation darstellt – ist in einem en-

---

18 Zit. n. Die Fackel, Nr. 889, S. 10.
19 Die Fackel, Nr. 890–905, S. 1.
20 Ebd.
21 A.a.O., S. 1f.
22 A.a.O., S. 2.

gen Zusammenhang damit zu sehen, daß in der letzten Nummer der »Fackel« vor der nationalsozialistischen Machtergreifung sein großer Essay über »Die Sprache« erschienen ist, in dem Karl Kraus um das richtige Verständnis der Sprache streitet. Insofern jedoch ist der *Streit um die Sprache* für Karl Kraus auch ein *politischer Streit* »angesichts der Erledigung der Sprache im Namen der Nation, wogegen es doch keinen andern und wirksamern Protest als ihre Aufrichtung gäbe«[23]. Sein philologischer Rechtsstreit ist auch ein aktueller Kampf gegen das Schlagwort, das jetzt ›den Schlag entbunden‹ hat. Deshalb also der Prozeß um ein Komma. Wehret den Anfängen! Dies ist die Hermeneutik, die die Aktionen von Karl Kraus in den Jahren 1933 und 1934 bestimmt.

B

Wie Karl Kraus angesichts des siegreichen deutschen Faschismus für das Recht streitet, ungebrochen seinem Geschäft der *Kritik* nachzugehen, so klagt Karl Barth in »Theologische Existenz heute!« mit den bekannten und bis heute umstrittenen Worten sein Recht ein, »hier in Bonn mit meinen Studenten in Vorlesungen und Übungen nach wie vor und als wäre nichts geschehen – vielleicht in leise erhöhtem Ton, aber ohne direkte Bezugnahmen – Theologie und nur Theologie zu treiben«[24]. Auf den ersten eineinhalb Seiten seiner Streitschrift entfaltet Barth eine hermeneutica in nuce dieser seiner Forderung: Das von ihm »erwartete ›Wort zur Lage‹«[25] kann für ihn »nur in der Frage bestehen: ob es nicht der Kirche und uns allen besser wäre, wenn wir jetzt gerade *nicht* ›zur Lage‹ *sondern* nun erst recht, ein Jeder in den Schranken seiner Beru-

23 A. a. O., S. 9.
24 Karl Barth, a. a. O., S. 3.
25 Ebd.

fung ›zur Sache‹ reden«[26]. Ist die ›Sache‹ für Karl Kraus – »ein Jeder in den Schranken seiner Berufung«! – die Sprache, so ist Karl Barths ›Sache‹ die Theologie. Alle weiteren Ausführungen in seiner Schrift sind denn im Grunde auch nur noch die Konsequenzen, die Barth aus dieser zentralen These zieht. Deshalb ist es nicht verwunderlich, daß die volle Schärfe der Barth'schen Argumentation *nicht* die Deutschen Christen trifft, *sondern* die Jungreformatorische Bewegung. Wenn es nämlich um die Sache der Theologie geht, dann sind das primäre Gegenüber nicht die Deutschen Christen, denen es im Grunde ja gar nicht um die Theologie, vielmehr um die *Macht* geht, sondern dieses Gegenüber ist die Jungreformatorische Bewegung, deren *theologischer Anspruch* von Barth beim Wort genommen wird. Aus demselben Grunde jedoch sieht sich Barth genötigt, »sich gegenüber Vielem, viel zu Vielem, was gegen die ›Deutschen Christen‹ gesagt und getan wurde [sc. von seiten der Jungreformatorischen Bewegung], nicht minder scharf abzugrenzen wie gegen die ›Deutschen Christen‹ selber«[27]. So gesehen ist Barths Wort ›zur Sache‹ notwendigerweise eben auch ein Wort ›zur Lage‹ geworden. Gerade eine Theologie aus der Warte eines »als wäre nichts geschehen« muß im Jahre 1933 auch – wie Barth selbst formuliert – »eine kirchenpolitische und indirekt sogar eine politische Stellungnahme«[28] werden.

26 A. a. O., S. 3 f.
27 A. a. O., S. 30. Vgl. dazu auch: »Ich glaube: mit den offenen wilden Ketzern wird die Kirche in nicht zu späterer Zeit fertig werden. Wer aber hätte sie bewahrt vor der Liebenswürdigkeit der kirchlich und sogar ›biblisch-reformatorisch‹ Korrekten, die es im Grunde nicht anders meinen als jene?« (A. a. O., S. 34.)
28 A. a. O., S. 3.

4. Die nicht verstandene Pointe

A

Der Prozeß des Karl Kraus um ein Komma wühlt die deutsche Emigration auf. Bei seinen (nunmehr wohl: ehemaligen!) Freunden provoziert er blankes Entsetzen. Der Wiener »Morgen« spricht denn auch am 15. 12. 1933 auf Karl Kraus einen »Nachruf«, der dessen jetziges Verhalten zu der Tradition seiner Wiener Vorlesungen in eine polemische Nähe rückt: »Diese finstere Gegenwart enthüllt die Naturen der Menschen. Schauspielerseelen, die in Vortragssälen heroische Charaktere darstellten, löschen in dieser Zeit, da keiner schweigen dürfte, ihre Fackel aus.«[29] Und der »Gegenangriff« bezeichnet am 14. 1. 1934 Karl Kraus als einen »Don Quijote von Mittelstandsformat, der gegen Kaffeemühlen zu Felde zieht«.[30], und fährt fort: »Wir haben K. überschätzt. An so gigantische Gegner wie Kaffeemühlen wagt sich dieser Tote – Verzeihung: dieser Pamphletist im Ruhestand – schon längst nicht mehr heran.«[31]

Keiner dieser Kritiker begreift die Pointe der Haltung von Karl Kraus in diesen Monaten auch nur von ferne. Der Prozeß um ein Komma wird zwar als Pointe wahrgenommen, erscheint aber im Lichte dieser Kritik exakt als das Gegenteil dessen, was Karl Kraus damit intendiert. Er sieht in seinem Kampf um die Sprache (und der Prozeß um jenes Komma ist eine ›Zeichenhandlung‹ dieses Kampfes) einen Kampf, der in das Herz des Faschismus zielt. Seine Kritiker sehen ihn dagegen in einem – vielleicht ungewollten, aber nichtsdestotrotz faktischen – Bündnis mit dem Faschismus. Der »Morgen«

---

29 Zit. n. Die Fackel, Nr. 889, S. 16.
30 A. a. O., S. 10.
31 Ebd.

nimmt im Verhalten von Karl Kraus eine »innerste Identität«[32] war zwischen einer fügsamen Presse und dem (nun wohl: einstigen!) Kritiker, »da beide Hitler eigentlich schweigend gegenüberstehen«[33]. Dieses ›Schweigen‹ als eine Zuspitzung des Protestes zu begreifen, liegt nicht im Horizont dieser Kritik. Noch schärfer polemisiert der »Gegenangriff«, in dem zu lesen ist: Seine »Stummheit bezieht sich nur auf den Kampf gegen den Faschismus. Wenn es um ein Komma geht, ist K. nicht stumm. Auch heute nicht, auch nicht angesichts der entfesselten Faschistengreuel. Ein trauriges Ende fürwahr.«[34] Daß Karl Kraus im Prozeß um dieses Komma – mit Barth zu sprechen: »In den Schranken seiner Berufung« also! – Hitler selbst angreift, wird nicht gesehen.

B

Wie der Prozeß des Karl Kraus um ein Komma hat auch Karl Barths »Theologische Existenz heute!« eine breite Wirkung in der Öffentlichkeit: »Innerhalb von 14 Tagen wurden vier Auflagen mit zusammen 12 000 Exemplaren gedruckt, und bis zur Beschlagnahme durch die Bayerische Staatspolizei beim Chr. Kaiser Verlag in München 1934 war die Gesamtauflage auf 37 000 Stück gestiegen.«[35] Hans Asmussen spricht von einer »große[n] Ernüchterung«[36], die die Veröffentlichung damals bewirkt habe. Wenn man sich jedoch die zeitgenössischen Urteile (und nicht die Interpretationen post festum!) ansieht, dann sind erhebliche Zweifel daran erlaubt, ob damals – bei Freund oder Gegner – die Pointe der Barth'schen Schrift wirklich verstanden wurde. So begrüßt zwar Rudolf

32 A.a.O., S. 16
33 Ebd.
34 A.a.O., S. 11 f.
35 Hinrich Stoevesandt (Hg.), a.a.O., S. 7.
36 Hans Asmussen, Begegnungen, Wuppertal o.J. [wohl 1936], S. 7.

Bultmann Barths Schrift, bedauert gleichwohl das darin enthaltene Urteil über die Jungreformatorische Bewegung.[37] Gerade *diese* Unterscheidung jedoch verkennt die Spitze der theologischen Argumentation Barths. Seine Kritik an der Jungreformatorischen Bewegung ist der *konsequente Ausdruck* seiner Theologie »als wäre nichts geschehen«. Und aus dem Lager der Deutschen Christen wird Barth von Franz Tügel entgegengehalten: »Nicht die Theologie trennt uns, sondern die Politik.«[38] Als ob *diese* Alternative – dazu noch von seiten der Deutschen Christen formuliert – dem hermeneutischen Horizont der Barth'schen Position auch nur von ferne angemessen wäre.

Die ›Fernwirkung‹ der Streitschrift Karl Barths spiegelt sich in einem interessanten Dokument, das bisher von der Barth-Forschung viel zu wenig berücksichtigt wurde, nämlich in den »Deutschland-Berichten« der Exil-SPD. Diese wurden im Auftrag des Exilvorstands der SPD von April 1934 bis Mai 1938 zuerst in Prag, dann in Paris herausgegeben und sollten den Funktionären der Partei im Exil umfassende und ungeschminkte Zustandsbeschreibungen der Lage im faschistischen Deutschland zur Hand geben. Die Ausgabe vom Oktober/November 1934 enthält eine längere Studie über »Protestantismus, Obrigkeitsstaat und Reaktion«, die die historischen Voraussetzungen und den Verlauf des Kirchenkampfs zum Inhalt hat. Im 6. Kapitel der Studie, das die Überschrift trägt »Die kirchliche Gegenrevolution«, wird das Spektrum der Bekennenden Kirche beleuchtet. Bezeichnender- (oder: überraschender?)weise wird dabei Karl Barths Streitschrift »Theologische Existenz heute!« an *erster Stelle*

---

37 Vgl. dazu Karl Barth / Rudolf Bultmann, Briefwechsel 1922–1966, Zürich 1971, S. 137.
38 Franz Tügel, Unmögliche Existenz! Ein Wort wider Karl Barth, Hamburg 1933, S. 17.

genannt. Ihr wird eine »tief erschütternde Wirkung«[39] zugeschrieben. Zugleich wird diese Wirkung näher so charakterisiert:

»Es war weniger der theologische Inhalt, der die Wirkung der Schrift
begründete, als ihre Geistigkeit, ihre Sprache, ihre Beziehung zu den
Wurzeln des Humanismus. In die Öde und Gemeinheit des Dritten
Reichs fielen diese offenen Worte wie leuchtende Blitze. Sie haben viele
erhoben und gestärkt, die mit dem Inhalt der Lehre von Karl Barth gar
nichts gemein haben. Sie sind zu stärksten Antrieben des Widerstands
und des Kampfes im Kirchenstreit geworden – obwohl die Kräfte, die
schließlich die Deutschen Christen niedergekämpft haben, mit der
Theologie Barths nichts zu tun haben. So merkwürdig es klingt: es war
das Wort, das bloße Wort ›Kampf für die Freiheit‹, das viel zu dieser
Wirkung beitrug.«[40]

Es ist schon erstaunlich, welch hoher Stellenwert Karl
Barths Streitschrift in einem Bericht zugeschrieben wird,
dessen Stärke wahrlich nicht in einer intimen und genauen
Kenntnis der damaligen *kirchlichen* Lage in Deutschland besteht.[41] Die Wirkung der Schrift Barths ist offensichtlich so
groß, daß sie auch dem Betrachter aus der Ferne sofort ins
Auge springen muß. Zugleich konstatiert der Bericht jedoch,
daß es wohl mehr die Sprache und der Gestus Barths seien,
welche derart aufrüttelten, und weniger der theologische
Gehalt seiner Schrift. Die Analyse des »Deutschland-Berich-

39 Deutschland-Berichte der Sozialdemokratischen Partei Deutschlands, 1.
Jahrgang Nr. 7, zit. nach der Ausgabe Salzhausen/Frankfurt 1980, S. 710.
40 A. a. O., S. 710f.
41 Die Teile der »Deutschland-Berichte« der Exil-SPD, die sich mit der kirchenpolitischen Lage beschäftigen, sind ein erstaunliches Gemisch aus präziser Hellsicht und krassen Fehlurteilen, was sich aus der historisch gewordenen Distanz von Arbeiterbewegung und Kirche erklären läßt. Gleichwohl
stellt die systematische Aufarbeitung der Deutung des Kirchenkampfes in
den »Deutschland-Berichten« ein forschungsgeschichtliches Desiderat ersten Ranges dar.

tes« selbst ist ein Dokument dieser These, denn in ihm wird die *Theologie* Barths folgendermaßen charakterisiert: »Die Lehre von Barth, die Rückkehr zur unmittelbaren [sic!] Beziehung zu Gott, die Forderung der bewußt unpolitischen Haltung des religiösen [sic!] Menschen, die Ablehnung aller [sic!] Verbindung und Beziehung zum Staat war nicht neu.«[42] Krasser kann die theologische Position Barths wohl kaum verzeichnet werden, als es hier geschehen ist. Und doch ist dieser Bericht m.E. ein *charakteristischer Ausdruck* der Wirkung seiner Schrift »Theologische Existenz heute!«. Wie bei Karl Kraus ist Karl Barths Aktion in aller Munde, ihr präziser Inhalt jedoch ist den wenigsten verständlich.

III.

Es ist deutlich, daß die Rekonstruktion des kulturellen Umfeldes der Dramaturgie jener umstrittenen Stellungnahmen von Karl Kraus und Karl Barth bereits eine immanente Deutung und Bewertung enthält, die im Folgenden in fünf Punkten noch einmal explizit dargestellt und präzisiert werden soll.

1. Wenn hier weniger die in Rede stehenden Texte aus sich selbst heraus interpretiert werden, sondern eine Analyse der Entstehensbedingungen und des Rezeptionsgeschehens der Texte versucht wurde, so steht dahinter die These, daß ein adäquates Verstehen jener Texte nur in diesem weiten Horizont möglich ist. Viele Mißdeutungen der Barth'schen Formel des »als wäre nichts geschehen« hätten vermieden werden können, wenn nicht lediglich ein *Text* interpretiert (was natürlich auch weiterhin – und dies sei noch einmal

---

42 A.a.O., S.711.

ausdrücklich betont! – ein notwendiger und unersetzlicher Vorgang ist), sondern eine *kulturelle Situation* analysiert worden wäre. Gerade das Beispiel der Barth'schen Formel zeigt, daß pointierte Texte und noch mehr die darin enthaltenen sprachlichen Zuspitzungen nur mittels einer umfassenden Rekonstruktion ihrer Entstehungsdramaturgie wirklich zu ›verstehen‹ sind. Eine solche Rekonstruktion zu leisten, ist eine der authentischen Beiträge, den die Praktische Theologie zum Prozeß hermeneutischen Verstehens leisten kann.[43] Insofern jedoch ist die theologische Textinterpretation auch auf die Praktische Theologie angewiesen.

2. Eines der bestimmenden Momente in der Dramaturgie des ›Textes‹ von Karl Kraus als auch des ›Textes‹ von Karl Barth ist der *Erwartungsdruck*, der auf beiden lastete und der von einem bestimmten ›kulturellen Klima‹ ausging. Beider Reaktion ist nur verständlich vor diesem Hintergrund. Beide verweigern ein vordergründiges ›Aktualitätsverhalten‹, weil dies ihrer eigenen inhaltlichen Positionsbestimmung diametral widersprach, und doch können sich beide dem auf ihnen lastenden Situationsdruck nicht entziehen.

Daraus ergibt sich ein paradoxer Sachverhalt: Beide wehren sich dagegen, aktuellen Erwartungen zu entsprechen, und zugleich wäre ihre tatsächliche Antwort darauf ohne diesen Erwartungsdruck so nicht erfolgt. Praktisch-theologisch ist diese Paradoxie insofern bleibend aktuell, als sie jedes vordergründige Polemisieren gegen akute Anforderungen eines be-

---

43 Ernst Lange hat dies an einem anderen Beispiel, nämlich dem Beschluß der Synode der Evangelischen Kirche in Hessen und Nassau vom Oktober 1970 zur finanziellen Unterstützung des Antirassismusprogramms des Ökumenischen Rates, exemplarisch durchgeführt. Vgl. dazu Ernst Lange, Kirche für die Welt. Aufsätze zur Theorie kirchlichen Handelns, München 1981. S. 215–266.

stimmten kulturellen Klimas, des sog. ›Zeitgeistes‹ also, zumindest relativiert. Es gibt Aktualitäten, denen man sich nicht entziehen kann und auch nicht soll! Nicht *daß* auf ein bestimmtes kulturelles Klima reagiert wird, kann wirklich umstritten sein, sondern *wie* dies geschieht. Der ›Zeitgeist‹ (dieser Begriff ist wegen seines pejorativen Beigeschmacks nur bedingt brauchbar) ist auch der Resonanzboden, auf dem sich der Widerspruch gegen ihn formuliert. Dies sollte vorsichtig machen gegenüber einer allzu schnellen und platten Entgegensetzung von »Kirche und Welt«, »Evangelium und Geist der Neuzeit« oder wie auch sonst diese Alternativen formuliert sein mögen. Wohlgemerkt: Nicht der Kritiklosigkeit oder gar der Anpassung an ein bestimmtes kulturelles Klima soll hier das Wort geredet werden, wohl aber soll an die unbestreitbare Tatsache erinnert werden, daß sich eine Kritik sehr oft gerade den Umständen verdankt, gegen die sie sich (mit welchem Recht und mit welcher Emphase auch immer) wendet.

3. Karl Kraus und Karl Barth nehmen die Erwartungen, die an sie gerichtet werden, in der Weise auf, daß sie sie faktisch mit einer radikalen Infragestellung konfrontieren. Nicht ›gegen Hitler‹ streitet Karl Kraus, sondern ›um ein Komma‹; nicht ›zur Lage‹ spricht Karl Barth, sondern ›zur Sache‹. Diese Infragestellung der Erwartungen ist jedoch nicht deren *Destruktion*, sondern deren *Überbietung*. Karl Kraus versteht seinen Kampf um ein Komma als einen fundamentalen Kampf gegen den *realen* Hitler und gegen jeden *möglichen* Hitler zugleich. Karl Barths Attacke gegen die Jungreformatorische Bewegung möchte die Bedingungen offenlegen, unter denen *jeweils aufs neue* falsche Anpassungen möglich sind. Besteht seit Schleiermacher in der Hermeneutik der (allerdings nicht unumstrittene!) Grundsatz, es gelte, einen Autor besser zu verstehen, als dieser sich selbst verstanden

habe[44], so kann man auf jeden Fall sagen, daß Karl Kraus und Karl Barth die Erwartungen, die aus einem bestimmten kulturellen Klima heraus an sie gestellt wurden, besser verstanden haben als die Träger dieser Erwartungen selbst. Karl Kraus und Karl Barth haben ihrer Zeit mehr gegeben, als diese von ihnen verlangt hat.

4. In all dem wird nun auch die Barth'sche Formel des »als wäre nichts geschehen« in ihrer inhaltlichen Pointe ansichtig. Sie entspricht in ihrem hermeneutischen Stellenwert exakt der Forderung von Karl Kraus, er wolle »ohne ein vermittelndes Wort« seinem Geschäft der Kritik nachgehen. Beide sehen in einem konsequenten Festhalten an ihrer Aufgabe – »ein Jeder in den Schranken seiner Berufung« (Barth)! – den wirksamsten Beitrag dazu, *gegen* den siegreichen Faschismus anzukämpfen. Insofern ist jenes »als wäre nichts geschehen« nicht Ausdruck eines politischen und kulturellen Desinteresses, sondern präzise theologische *und* politische Qualifikation der Zeit. Gerade die Parallelität der Dramaturgie im Verhalten von Karl Kraus und Karl Barth bestätigt die These Eberhard Buschs: »Nicht dadurch unterschied sich Barth von den Deutschen Christen, daß er einem zeitlosen Theologiebetrieb das Wort geredet hätte, aber dadurch, daß er in jener bestimmten Situation darauf insistierte, daß nicht (als wäre sie göttlich) der *Situation*, sondern in ihr (als hätte sie keine Maßgeblichkeit) *Gott* zu gehorchen ist.«[45] Gott zu gehorchen, bedeutet aber für Barth im Jahre 1933 auch, jene Qualifikation der Zeit, die die kirchenpolitischen Gegner der Deutschen Christen vornahmen und die drän-

44 Vgl. dazu Hans-Georg Gadamer, Wahrheit und Methode, Tübingen 41975, S. 180–185.
45 Eberhard Busch, Theologie und Biographie. Das Problem des Verhältnisses der beiden Größen in Karl Barths »Theologie«, in: Evangelische Theologie 46 (1986), S. 338.

gend Barths Partnerschaft einforderten, theologisch in ihrer Fundierung und Radikalität noch einmal zu überbieten. Jenes »als wäre nichts geschehen« ist der sprachlich konziseste Ausdruck von Barths theologischer Zeitqualifikation im kulturellen Klima des sich in seiner Herrschaft stabilisierenden Faschismus.

5. Als bleibender Stachel der praktisch-theologischen Rekonstruktion dieser Dramaturgie bleibt die Tatsache, daß weder Karl Kraus noch Karl Barth in ihren Stellungnahmen von ihren Zeitgenossen wirklich verstanden wurde. Die Radikalität ihrer Zeit-Qualifikation wurde eher als ein Sich-Davon-Stehlen interpretiert. Und bis auf den heutigen Tag ist eine solche Interpretation jener Formel des »als wäre nichts geschehen« virulent, auch wenn diese Interpretation inzwischen mit anderslautenden Barth-Deutungen konkurrieren muß. Gleichwohl bleibt der Tatbestand, daß die Stellungnahmen von Karl Kraus und Karl Barth, die uns heute als äußerst hellsichtig erscheinen und für uns in ihrer über das Augenblickliche hinausgehenden Grundsätzlichkeit eine bleibende Aktualität besitzen, gerade in dieser Zuspitzung von ihren Zeitgenossen damals nicht verstanden worden sind. Besteht hier ein unüberwindlicher Gegensatz von kultureller Nah-Wirkung und Fern-Wirkung? Ist es das Schicksal solch fundamentalen Denkens erst aus dem historischen Abstand heraus verstanden zu werden? Wie gesagt: Diese Fragen scheinen mir – auch praktisch-theologisch – das Skandalon zu sein, das bis heute in jener Formel »als wäre nicht geschehen« besteht. Fragen, die dringend einer weiteren Präzisierung und Erörterung bedürfen.

Zur kirchlichen Praxis in der multikulturellen Gesellschaft

Die »Story« vom Menschen

Das Menschenbild in Psychotherapie und Seelsorge

I.

Über das Menschenbild in Psychotherapie und Seelsorge zu sprechen, ist faszinierend und verführerisch zugleich. Denn unbeteiligt kann darüber weder nachgedacht noch gesprochen werden. In allem, was wir dazu sagen, sind wir immer schon mit dabei – mit unserer eigenen Lebensgeschichte, mit unseren Erfahrungen, Enttäuschungen und Hoffnungen, wie ja auch in psychotherapeutische und seelsorgerliche Theorien und Methoden die lebensgeschichtliche Erfahrung ihrer jeweiligen Urheber mit eingegangen ist.

So sind Psychotherapie und Seelsorge in all ihren theoretischen und praktischen Vollzügen daran beteiligt, an dem mitzuschreiben, was Dietrich Ritschl[1] treffend die »Story« vom Menschen genannt hat. Wir Menschen kommen ja stets aus Geschichten her, die unsere Lebensgeschichte bestimmen, wie unsere Lebensgeschichte ihrerseits an diesen Geschichten weiterschreibt.[2] Der Mensch ist »das aus Geschichten entsprungene und in Geschichten existierende Wesen«[3]. Das, was wir *Kultur* nennen, ist nichts anderes als ein Ensemble solcher Geschichten.

Allerdings liegen diese Geschichten, die die Story vom Men-

---

1 Vgl. dazu Dietrich Ritschl / Hugh O. Jones, »Story« als Rohmaterial der Theologie, München 1976.
2 Vgl. dazu Albrecht Grözinger, Erzählen und Handeln. Studien zu einer trinitarischen Grundlegung der Praktischen Theologie, München 1989; darin besonders das Kapitel »Trinitarische Gottesgeschichte und menschliche Lebensgeschichte«, a. a. O., S. 35–62.
3 A. a. O., S. 42.

schen ausmachen, meist nicht offen zutage, sie wirken vielmehr eher untergründig und unausdrücklich. In Krisensituationen und in Knotenpunkten unserer Lebensgeschichte, aber auch zu besonderen Zeiten wie in einem gelungenen Fest oder in einem gelungenen Gottesdienst treten sie dann offen zutage. Sie werden ausdrücklich, sie werden erkennbar und gewähren uns so wiederum neue Lebensgewißheit oder auch Anlaß unser Leben zu ändern, die Grundmelodie unserer Lebens»story« zu variieren oder zu wechseln, wie schwierig das auch immer sein mag. Auf jeden Fall gewährt das Ansichtigwerden der unserer Lebensgeschichte zugrundeliegenden Story zugleich Einsicht in das Bild vom Menschen, das uns leitet. Das Menschenbild in Psychotherapie und Seelsorge wird deshalb am besten auf dem Weg in den Blick zu bekommen sein, daß wir anhand exemplarischer psychotherapeutischer und seelsorgerlicher Konzeptionen die Grundzüge der sie – meist untergründig – leitenden Story vom Menschen rekonstruieren und kritisch befragen.

II.

Eine Rekonstruktion des Menschenbildes in der neueren Psychotherapie muß mit *Sigmund Freud* beginnen. Seine epochale Bedeutung kann nicht geleugnet werden, wenn »epochal« meint, daß sich die nachfolgenden Generationen an Freud abarbeiten müssen, und auch diejenigen, die ihm widersprechen, an den von ihm gestellten Fragen nicht mehr vorbeigehen können. In diesem Sinne stellt der Ansatz Freuds in der Psychotherapie einen wissenschaftlichen Paradigmenwechsel[4] von epochaler Bedeutung dar.

4 Vgl. zum Begriff des wissenschaftlichen Paradigmas: Thomas S. Kuhn, Die Struktur wissenschaftlicher Revolutionen, Frankfurt 1967.

Freud selbst hat in seinem kurzen Essay aus dem Jahre 1925 über »Die Widerstände gegen die Psychoanalyse« die Position, der er den Abschied gegeben hat, mit folgenden Worten näher beschrieben: »Die Mediziner waren in der alleinigen Hochachtung anatomischer, physikalischer und chemischer Momente erzogen worden. Für die Würdigung des Psychischen waren sie nicht vorbereitet... Sie begnügten sich damit, die Buntheit der Krankheitserscheinungen zu klassifizieren und sie, wo immer es nur anging, auf somatische, anatomische oder chemische Störungsursachen zurückzuführen.«[5] Dem setzt Freud nun das psychoanalytische Paradigma entgegen, das ich hier in seinen Grundzügen als bekannt voraussetze.

Welcher »Story« vom Menschen folgt Freud bei der Entwicklung der Psychoanalyse? Bei der Beantwortung dieser Frage soll der Spur der m.E. in Freuds Denken eine herausragende Stellung einnehmenden Abhandlung aus dem Jahre 1927 über »Die Zukunft einer Illusion« gefolgt werden. Freud sieht hier den Menschen als das Wesen, das quasi auf einem Vulkan lebt, der jederzeit auszubrechen droht. Dieser Vulkan trägt den Namen »Kultur«. Der Mensch ist das kulturelle Wesen, das diese Kultur aber wie eine schwere Last trägt und ständig in der Versuchung steht, diese Last, weil sie einen Arbeitszwang und Triebverzicht auferlegt, abzuschütteln. Der Mensch droht ständig aus der Kultur auszubrechen. Das Ergebnis davon wäre – und daran läßt Freud keinen Zweifel – die Barbarei. *Freud ist also geleitet von der Story vom Menschen als dem kulturell gezähmten Barbaren.*

Aus diesem Grund verteidigt Freud in seinem Essay die Funktion des Über-Ichs energisch, dessen Erstarkung für ihn »ein höchst wertvoller psychologischer Kulturbesitz«[6] ist.

---

5 Vgl. dazu Sigmund Freud, Werkausgabe in zwei Bänden, hg. von Anna Freud und Ilse Grubrich-Simitis, Frankfurt 1978; Band II, S. 54.
6 A.a.O., S. 334.

Die Religion ist an dieser Erstarkung des Über-Ichs beteiligt, jedoch auf eine höchst gefährliche Weise, indem sie nur als »Illusion« wirkt, weil sie – so Freud – die Wirklichkeit auf eine nicht-wissenschaftliche Weise beschreibt. Die Inhalte der Religion sind für ihn »sämtlich Illusionen, unbeweisbar, niemand darf gezwungen werden, an sie zu glauben. Einige von ihnen sind so unwahrscheinlich, so sehr in Widerspruch zu allem, was wir mühselig über die Realität der Welt erfahren haben, daß man sie – mit entsprechender Berücksichtigung der psychologischen Unterschiede – den Wahnideen vergleichen kann.«[7] Deshalb ist die Religion in den modernen Gesellschaften nicht mehr dazu geeignet, Kultur abzusichern. Diese Absicherung vermag für Freud allein die Wissenschaft zu leisten: »Die Rätsel der Welt entschleiern sich unserer Forschung nur langsam, die Wissenschaft kann auf viele Fragen heute noch keine Antwort geben. Die wissenschaftliche Arbeit ist aber für uns der einzige Weg, der zur Kenntnis der Realität außer uns führen kann.«[8]

Freud ist sich bewußt, daß er damit dem Tanz des Menschen auf dem Vulkan kein sicheres Fundament geben kann. Wenn es aber ein Fundament überhaupt gibt, dann ist es dieses: *Der zerbrechliche Gedanke, die Aufklärung des Menschen über sich selbst.* Freud selbst kann diese Vision nur – und dessen ist er sich bewußt – in der Form eines Credos formulieren: »Der Mensch kann nicht ewig Kind bleiben, er muß endlich hinaus ins ›feindliche Leben‹ ... Was soll ihm die Vorspiegelung eines Großgrundbesitzes auf dem Mond, von dessen Ertrag doch noch nie jemand etwas gesehen hat. Als ehrlicher Kleinbauer auf dieser Erde wird er seine Scholle zu bearbeiten wissen, so daß sie ihn nährt. Dadurch, daß er seine Erwartungen vom Jenseits abzieht und alle freigewordenen Kräfte auf das irdi-

7 A. a. O., S. 349.
8 Ebd.

sche Leben konzentriert, wird er wahrscheinlich erreichen können, daß das Leben für alle erträglich wird und die Kultur keinen mehr erdrückt. Dann wird er ohne Bedauern mit einem unserer Unglaubensgenossen sagen dürfen: Den Himmel überlassen wir / Den Engeln und den Spatzen.«[9]

Wir können das Ergebnis unserer bisherigen Analyse wie folgt präzisieren: *Freud erzählt die Story vom Menschen als dem kulturell gezähmten Barbaren, der sich dennoch durch Selbstaufklärung und Selbstbescheidung seine Welt als humane Heimstatt sichern kann.* Damit wird Freud – und dies sage ich ohne Vorbehalt und Abstriche – als eine der ganz großen Gestalten der Geschichte der europäischen Aufklärung sichtbar.

Mit den Besten der Aufklärung teilt Freud auch sein unübersehbares Zögern und seine lebenslange Skepsis. Freud ist alles andere als ein Triumphalist. Er weiß, daß er keinen abgesicherten Weg anbieten kann, sondern nur den Weg der Selbstaufklärung des Menschen im gefährdeten menschlichen Wort. Freud, der sehr wohl weiß, »daß der Mensch kein Herr sei in seinem eigenen Haus«[10], vertraut allein auf die Sprache, die ihm dieses fremde Haus doch heimisch machen kann: »Worte waren ursprünglich Zauber, und das Wort hat noch heute viel von seiner alten Zauberkraft bewahrt. Durch Worte kann ein Mensch den Anderen selig machen oder zur Verzweiflung treiben, durch Worte überträgt der Lehrer sein Wissen auf die Schüler, durch Worte reißt der Redner die Versammlung der Zuhörer mit sich fort und bestimmt ihre Urteile und Entscheidungen. Worte rufen Affekte hervor und sind das allgemeine Mittel zur Beeinflußung der Menschen untereinander. Wir werden also die Verwendung der Worte

9 A.a.O., S.362.
10 Vgl. dazu Sigmund Freud, Gesammelte Werke, London 1940 ff., Band XII, S. 11.

in der Psychotherapie nicht geringschätzen.«[11] Zeigt sich hier nicht ein Weg von der Psychotherapie hin zu dem, was uns Theologen und Theologinnen beschäftigt? Haben wir nicht dies mit Freud gemeinsam: Die Story vom Menschen, der in und unter aller Gefährdung von humanen Wort lebt?[12]

Freuds Hoffnung allerdings wurde in dieser Hinsicht enttäuscht, seine Skepsis bestätigt. Deshalb hat er sich selbst als einen Gescheiterten erfahren. Als er am 4. Juni 1938 in Wien den Zug besteigt, der ins Exil bringen sollte, hatte auch in der Geburtsstadt der Psychoanalyse die Barbarei gesiegt, die er sein Leben lang fürchtete und vor der er nicht eindringlich genug warnen konnte. Seine Story vom Menschen hatte sich zu dieser Zeit als eine Story vom schwachen Menschen erwiesen. Vielleicht zeigen die Fotografien[13] vom Gesicht Freuds während seiner Fahrt ins Exil deutlicher als alle analytische Rekonstruktion die Hoffnung und das Scheitern der Story vom Menschen, der er verpflichtet war: *Eine Story, die in aller Traurigkeit auch von der zerbrechlichen Sprache des Menschen weiß, einer Sprache, die zwar übertönt und zum Verstummen gebracht werden kann, und die doch die einzige Hoffnung bleibt.*

Welche Story vom Menschen begegnet uns nun bei *Carl Gustav Jung*, dem frühen Kronprinzen und späteren erbitterten Gegner Freuds? Zweifellos wird von Jung eine ganz andere Story vom Menschen erzählt als von Freud. Man wird, ohne der Gefahr einer allzu großen Verkürzung zu erliegen, davon

---

11 A.a.O., Band XI, S. 10.

12 Darauf hat zu Recht aufmerksam gemacht Joachim Scharfenberg, Sigmund Freud und seine Religionskritik als Herausforderung für den christlichen Glauben, Göttingen 1968, bes. S. 99–134.

13 Einige dieser eindrücklichen Bilder sind dokumentiert in: FREUD. Sein Leben in Bildern und Texten, hg. von Ernst Freud, Lucie Freud und Ilse Grubrich-Simitis, Frankfurt 1989, S. 289–295.

ausgehen können, daß uns die Begriffe des »kollektiven Unbewußten« und des »Archetypus« die Konturen dieser Story erschließen. Bekanntlich geht Jung davon aus, daß es neben einem individuellen Unbewußten, auf das sich Freud konzentrierte, noch ein kollektives Unbewußtes gibt, das wir auch als das kollektive Gedächtnis der Menschheit bezeichnen können. Dieses kollektive Unbewußte ist für Jung »ein Teil der Psyche, der von einem persönlichen Unbewußten dadurch negativ unterschieden werden kann, daß er seine Existenz nicht persönlicher Erfahrung verdankt und daher keine persönliche Erwerbung ist. Während das persönlich Unbewußte wesentlich aus Inhalten besteht, die zu einer Zeit bewußt waren, aus dem Bewußtsein jedoch entschwunden sind, indem sie entweder vergessen oder verdrängt wurden, waren die Inhalte des kollektiv Unbewußten nie im Bewußtsein und wurden somit nie individuell erworben, sondern verdanken ihr Dasein ausschließlich der Vererbung.«[14] Dieses so bestimmte kollektive Unbewußte findet seine konkrete Gestalt in den »Archetypen«, die Jung als »Formen in der Psyche« bestimmt, »die allgegenwärtig oder überall verbreitet sind«.[15] Als solche Archetypen nennt Jung u. a. das Wasser, das Selbst und die Anima und ihren Schatten. Daraus entwickelt Jung in knappen präzisen Sätzen eine These, die seine Story vom Menschen entscheidend bestimmt: »Im Unterschied zur persönlichen Natur der bewußten Psyche gibt es ein zweites psychisches System von kollektivem, nicht persönlichem Charakter, neben unserem Bewußtsein, das seinerseits durchaus persönlicher Natur ist und das wir – selbst wenn wir das persönliche Unbewußte als Anhängsel hinzufügen – für die einzig erlebbare Psyche halten. Das kollektive Unbewußte ent-

---

14 Carl Gustav Jung, Gesammelte Werke, Olten/Freiburg 1960 ff; zit. Stelle a. a. O., Band 9/1, S. 55.
15 Vgl. dazu ebd.

wickelt sich nicht individuell, sondern wird ererbt. Es besteht aus präexistenten Formen, Archetypen, die erst sekundär bewußt werden können und den Inhalten des Bewußtseins festumrissene Form verleihen.«[16]

Aufgrund dieser durch Jung vorgegebenen Rahmenbestimmungen wird es nun auch möglich, nach der Story vom Menschen zu fragen, an der Jung miterzählt. Dabei ist er zunächst einmal gegen zwei oft vorgebrachte Einwände zu verteidigen. Der erste Einwand geht dahin, Jung hintergehe mit dem Begriff des Archetypus die Vorstellung von Geschichte. Zwar sind die Archetypen bei Jung durchaus konstant und insofern geschichtslos, gerade darin aber eine gedankliche Abstraktion, die empirisch nicht zu identifizieren ist. Derselbe Archetypus kann durchaus verschiedene Gestalt annehmen, die wiederum vom kulturellen Umfeld bestimmt wird. Insofern gelingt es Jung mit dem Begriff des Archetypus, den Wandel der Geschichte und deren Einheit im Wandel psychologisch zu bestimmen. Es wird allerdings noch zu fragen sein, welche Funktion dieser so bestimmten Geschichte zukommt. Der andere m.E. unberechtigte Einwand gegen Jung geht dahin, daß jegliche Individualität vom Begriff des kollektiven Unbewußten aufgesogen werde, darin sozusagen wie in einem ›schwarzen Loch‹ verschwinde. Auch dieser Einwand greift zu kurz. Jung kommt es als Therapeut gerade darauf an, individuell geglückte Lebensgeschichte zu ermöglichen. Der Begriff der »Individuation« hat bei ihm einen hohen Stellenwert.[17]

Gleichwohl ist unverkennbar, daß Jung an einer anderen Story vom Menschen orientiert ist als Freud. Erarbeitet sich

16 A.a.O., S. 56.
17 Diesen Aspekt arbeitet sehr schön heraus Tilman Evers, Mythos und Emanzipation. Eine kritische Annäherung an C.G.Jung, Hamburg 1987, bes. S. 25–42.

82

bei Freud das Individuum seine Lebensgeschichte in der kritisch-aufklärenden Rekonstruktion seiner eigenen Vergangenheit, so ist bei Jung der Mensch an das kollektive Unbewußte verwiesen. *C.G.Jung erzählt also die Geschichte vom Menschen als dem Wesen, das seine Kräfte aus dem kollektiv unbewußten Gedächtnis der Menschheit schöpft. Der Mensch ist gerade als Individuum letztlich das kollektive Wesen.*

Deshalb kann, ja muß Jung die Religion völlig anders einschätzen als Freud. Die Religion ist für ihn eine kulturelle Schatzkammer des kollektiven Gedächtnisses der Menschheit. Der religiöse Mensch ist nicht Opfer infantiler Wünsche, Ängste und Illusionen, sondern er ist an die Kraftquellen eines Reservoirs von Symbolen und Bildern angeschlossen, ohne das er hoffnungslos verkümmern müsste. Jung kann zwar wie Freud durchaus auch Religionskritik üben, allerdings nicht in Gestalt einer grundsätzlichen Religionskritik, sondern als Kritik an besonderen Erscheinungen bestimmter geschichtlicher Religionen. So kritisiert er am Christentum die Abspaltung des Bösen statt seiner Integration[18], und am Protestantismus eine Reduktion auf die kognitive Dimension[19]. Religionskritik setzt für Jung in dem Augenblick ein, wo er eine Religion selbst aus dem Reichtum des Reservoirs an Archetypen herausfallen sieht.

Ist an Freud die kritische Frage zu stellen, ob er nicht einem naiven aufklärerischen Paradigma folgte, dessen Niederlage dadurch vorprogrammiert war, daß es die »Dialektik der Aufklärung«[20] ausblendete, so muß sich auch Jung – vielleicht dringender noch als Freud – ›seine‹ Gretchenfrage gefallen lassen. Diese Frage lautet konkret: Wie hältst Du es mit dem

18 Vgl. dazu C.G. Jung, a.a.O., Band 9/II, S. 46–80.
19 Vgl. dazu a.a.O., Band 9/I, S. 22–26.
20 Zur Analyse der »Dialektik« der Aufklärung ist immer noch grundlegend Max Horkheimer / Theodor W. Adorno, Dialektik der Aufklärung. Philosophische Fragmente, Amsterdam 1947.

Faschismus? Auch hier ist zunächst einmal zu differen-
zieren. Es war und ist ungerecht, wie es nicht selten geschieht, Jung wegen seines – zurückhaltend ausgedrückt –
schillernden Verhaltens gegenüber dem Faschismus zu
tabuisieren, d. h. sich letztlich einer Auseinandersetzung
mit ihm zu entziehen. Gerade eine solche Position macht es
sich zu leicht. Sein Verhältnis zum Faschismus ist nämlich
nicht auf die einfache Formel zu bringen: Jung war Fa-
schist. Wenn dem so wäre, dann allerdings könnte man, ja
müßte man sein Denken ad acta legen. So einfach aber ist es
nicht. Weil sein Verhältnis zum Faschismus so schillernd
war, gerade dieses Schillern aber der inneren Logik seines
Denkens entspricht, darum müssen seine Verteidiger wie
seine Verächter sich einer differenzierten Auseinandersetzung stellen.[21]
Ich vermute, daß der Faschismus deshalb für Jung eine –
durchaus ambivalente! – Attraktivität ausüben konnte, weil
er in gewisser Hinsicht seiner Story vom Menschen entge-
genkam. Wo der Mensch aus den Quellen des Kollektiven
lebt, dort ist auch eine kollektive politische Bewegung interessant. Daß Jung die konkrete historisch-kulturelle Gestalt des Faschismus anzog und sie ihm zugleich nicht ganz
geheuer war, wird immer wieder deutlich. So heißt es in der
kurzen Abhandlung zum »Begriff des kollektiven Unbewußten« aus dem Jahre 1936: »Erleben wir nicht eben mit,
wie eine ganze, große Nation ein archaisches Symbol wie-
derbelebt, ja sogar archaische Religionsformen – und wie
diese neue Emotion den einzelnen in einer revolutionären

---

21 Es kann hier also nicht darum gehen, das opportunistische, auch durch
das Interesse an Machtzuwachs für die durch ihn begründete akademische
Schulrichtung bestimmte Verhalten Jungs gegenüber den Nazimachthabern
zum Mittelpunkt der Auseinandersetzung zu machen. Sondern es geht um
die jenseits des subjektiven Wollens von Jung angesiedelten Motive, die seiner Theorie eingraviert sind.

und umwandelnden Weise beeinflußt?«[22] Dies klingt nicht gerade distanziert. Eine heimliche Bewunderung schwingt da schon mit. Distanzierter wird es dort, wo Jung einzelne Phänomene konkretisiert: »Ja, es gibt nichts Böses, dem Menschen unter der Herrschaft eines Archetypus nicht anheimfallen können. Wenn vor dreißig Jahren jemand vorauszusagen gewagt hätte, daß die psychologische Entwicklung in Richtung eines Wiedererwachens mittelalterlicher Judenverfolgungen gehen, daß Europa erneut vor den römischen Liktorenbündeln und unter dem Marschtritt der Legionen erzittern würde, daß man den römischen Gruß wiedereinführen könnte wie vor zweitausend Jahren und daß statt des christlichen Kreuzes eine archaische Swastika Millionen von Kriegern zu Todesbereitschaft anködern würde – man hätte diesen Mann als einen mystischen Narren verschrien. Und heute? So bestürzend es erscheinen mag, dieser ganze Wahnwitz ist gräßliche Wirklichkeit... Der Mensch der Vergangenheit, der in einer Welt archaischer représentations collectives lebte, ist wieder zu einem sehr sichtbaren und peinlichen realen Leben entstanden, und dies nicht nur in ein paar unausgeglichenen Individuen, sondern in vielen Millionen Menschen.«[23] Dies sind deutliche Worte – und doch schillern sie. Noch in der Ablehnung schwingt eine Faszination mit. Mit einem ›besseren Faschismus‹, den es natürlich nicht geben kann, hätte Jung wohl durchaus gekonnt. Man kann sich des Eindrucks nicht erwehren, daß er vor der konkret werdenden politischen Gestalt jener Story vom Menschen, der aus der archaischen Symbolwelt lebt, zurückschreckt und doch selbst an dieser Geschichte mitgeschrieben hat. Jung hat auf jeden Fall die Ambivalenz der kollektiven Archetypen, deren politische Realisation er nicht mehr mitmachen konnte, theore-

22 A. a. O., Band 9/I, S. 60.
23 A. a. O., S. 60 f.

tisch nicht aufgearbeitet. Bis zuletzt hat er daran festgehalten, daß aus den Archetypen primär das Leben kommt und weniger der Tod. An der Antwort auf diese Problematik wird sich auch heute noch entscheiden, wie man zu Jung und zu seiner Story vom Menschen steht.

Man muß nicht nur geographisch den Atlantischen Ozean überqueren, sondern einen ganzen Ozean des Weltverständnisses, um von den alteuropäischen Denkern Sigmund Freud und Carl Gustav Jung zu *Carl R. Rogers* zu gelangen. Der Reiseschriftsteller Horst Krüger hat im Resümee einer Kalifornienreise sein ›europäisches‹ Weltempfinden gegenüber demjenigen, das ihm in Kalifornien begegnete, mit folgenden Worten beschrieben: »Ich glaube: Sie [die Menschen in Kalifornien] sind von der Wurzel her anders. Sie kommen aus einer ganz anderen Geschichte. Sie sind die Römer. Wir sind die späten Griechen.«[24] In gewisser Hinsicht kann dies auch für das Verhältnis von Freud und Jung gegenüber Rogers gelten. Sie sind die späten Griechen. Er ist der zupackende Römer. Rogers selbst schreibt seinem Wirken durchaus eine revolutionierende Wirkung zu. Es ist – so schreibt er nicht gerade bescheiden – »›zu den Wurzeln‹ vieler Begriffe und Wertvorstellungen unserer Kultur vorgedrungen und hat einen ›vollständigen‹ oder tiefgreifenden Wandel‹ vieler Grundüberzeugungen und Verfahren bewirkt«[25].
Welche Story vom Menschen wird nun von Rogers erzählt? Man kann dazu ein Zitat anführen. Rogers schreibt: »Ich betrachte die Selbstverwirklichungstendenz als eine grundle-

24 Horst Krüger, Kennst du das Land. Reise-Erzählungen, München 1987, S. 38.
25 Carl R. Rogers, Die Kraft des Guten. Ein Appell zur Selbstverwirklichung (1. amerik. Aufl 1977 unter dem Titel »On Personal Power – Inner Strength and its Revolutionary Impact«), Frankfurt 1985, S. 8.

gende Antriebskraft des menschlichen Organismus.«[26] Noch mehr als in unseren Definitionen verraten wir Menschen von uns jedoch in unseren Metaphern und Bildern. Und es gibt von Rogers ein solches Bild, das er uns vor Augen stellt, das m.E. hervorragend dazu geeignet ist, uns seine Story vom Menschen zu entschlüsseln: »Vor einigen Monaten stand ich während eines Urlaubswochenendes auf einer Landzunge, von der aus man eine der zerklüfteten Buchten überblickt, die sich an der nordkalifornischen Küste aneinanderreihen. Der Bucht vorgelagert waren einige große Felsklippen, die der vollen Gewalt der großen Brecher des Pazifik ausgeliefert waren, die über sie hereinbrandeten und Berge von Gischt versprühten, bevor sie auf die klippenreiche Küste zurollten. Während ich die Wogen beobachtete, die sich in einiger Entfernung an diesen großen Felsen brachen, bemerkte ich zu meiner Überraschung, daß auf den Felsen Pflanzen wuchsen, die winzigen Palmen glichen. Sie waren nicht mehr als zwei oder drei Fuß hoch und der Gewalt der Brandung unmittelbar ausgesetzt. Durch mein Fernglas stellte ich fest, daß es sich um irgendeine Art von Seegras handelte, Pflanzen, deren schlanker ›Stamm‹ von Blattbüscheln gekrönt war. Als ich in den Intervallen zwischen den Brechern ein Exemplar näher ins Auge faßte, schien es mir unausbleiblich, daß diese zarte, aufrechte, kopfschwere Pflanze von der nächsten Woge geknickt und zerschmettert werden würde. Als die Woge über sie hereinbrach, bog sich der Stamm fast völlig nieder und die Blätter wurden durch die Gewalt des Wassers in eine gerade Linie gepreßt, doch sobald die Woge vorübergerollt war, richtete sich die zähe und flexible Pflanze wieder zu ihren vollen Größe auf. Es erschien unglaublich, daß sie imstande war, diese unaufhörlichen Schläge hinzunehmen, Stunde um Stunde, Tag um Tag, Woche um Woche, vielleicht Jahr um

26 A.a.O., S. 265.

Jahr, und sich dabei zu ernähren, ihre Domäne zu erweitern, sich zu reproduzieren, kurz, sich zu erhalten und zu entfalten in diesem Prozeß, zu dem wir abgekürzt ›Wachstum‹ sagen. Hier in diesem palmenähnlichen Seegras manifestierte sich die Zähigkeit des Lebens, sein Vorwärtsdrängen und seine Fähigkeit, eine unglaublich feindselige Umwelt zu erobern und sich dort nicht nur zu behaupten, sondern sich anzupassen, zu entwickeln und zu verwirklichen.«[27]

Hier haben wir in einem eindrücklichen Bild die Story vom Menschen vor Augen, der sich Rogers verpflichtet fühlt. *Es ist die Story vom Menschen als dem Wesen, das allen Stürmen des Lebens zu trotzen vermag, insofern es von den Quellen der ihm innewohnenden Kräfte zur Selbstverwirklichung nicht abgeschnitten ist.*

Zugleich ist es die Story vom Menschen als dem berechtigt optimistischen und konstruktiven Wesen: »Der Organismus tendiert nicht dazu, seine Fähigkeiten zum Sichschlechtfühlen zu entwickeln… noch neigt er dazu, sein Selbstzerstörungspotential zu verwirklichen, oder seine Fähigkeit, Schmerzen zu ertragen. Nur unter ungewöhnlichen oder perversen Umständen wird dieses Potential aktualisiert. Es besteht kein Zweifel daran, daß die Aktualisierungstendenz selektiv ist und in eine bestimmte Richtung zielt – eine konstruktive Tendenz, wenn man so will.«[28] Gertrude Stein hat einmal über Paris gesagt, es gehe nicht darum, was es einem gebe, sondern es gehe darum, was es einem nicht wegnehme. Rogers nimmt darauf explizit Bezug, wenn er sagt, es gehe bei seinem Ansatz nicht darum, daß dieser den Klienten Macht verleihe, sondern er nehme diesen nur die Macht nicht weg, die sie bereits besäßen.[29] Völlig konsequent hat Rogers denn

27 A.a.O., S. 265 f.
28 A.a.O., S. 270.
29 Vgl. dazu a.a.O., S. 8.

auch methodisch die »klientenzentrierte Gesprächstherapie«, die »nicht-direktive Beratung« entwickelt, die auch im pastoraltheologischen Kontext auf große Resonanz gestoßen und breit rezipiert worden ist.

Die theologische Kritik hat das Stichwort »humanistische Psychologie« aufgegriffen und diesem vorgeworfen, er stelle den Menschen und das Ziel seiner Selbstverwirklichung auf eine nicht zu rechtfertigende Weise in den Mittelpunkt seiner Überlegungen. Es bleibt allerdings die Frage, ob das kritisch gemeinte Stichwort der »humanistischen Psychologie« glücklich ausgewählt ist. Zum einen ist das, was wir zu Recht mit dem Stichwort des »Humanismus« bezeichnen, eine zu breit gefächerte Bewegung, als daß es gerechtfertigt wäre, in der theologischen Diskussion damit exklusiv einen sehr spezifischen psychologischen Ansatz zu bezeichnen. Zum anderen – und dieser Einwand ist noch gewichtiger – sollte es sich die Theologie verboten sein lassen, den Begriff des »Humanismus« als pejorativen, wenn nicht sogar denunziatorischen Begriff zu gebrauchen. Wenn die Theologie die Geschichte vom menschenfreundlichen Gott zu bedenken hat, dann sollte der Begriff des »Humanismus« ein theologischer Ehrenbegriff sein.[30] Nicht von ungefähr findet sich bei Karl Barth der theologisch so richtige wie revolutionäre Satz: »Nachdem Gott selbst Mensch geworden ist, ist der Mensch das Maß aller Dinge«[31]. Deshalb haben wir uns zunächst einmal zu fragen, was wir als Theologen und Theologinnen von Rogers zu lernen haben, *bevor* wir ihn der theologischen Kritik unterziehen. Theologische Selbstkritik ist allemal das beste Fundament für die theologische Kritik nach außen. Ro-

30 Vgl. dazu auch Karl Barth, Humanismus, Zollikon-Zürich 1950; Ders., Die Menschlichkeit Gottes, Zollikon-Zürich 1956.
31 Karl Barth, Christengemeinde und Bürgergemeinde, München 1946, S. 23.

gers› Story vom Menschen als dem Wesen, das zur Selbstverwirklichung fähig ist, ist ja zunächst einmal eine Gegen-Ge-
schichte zu der jahrhundertelang im Hause der Kirche und
nicht zuletzt im Protestantismus erzählten Story vom Menschen, der sich seiner Fähigkeiten und Bedürfnisse eher zu
schämen denn sich an ihnen zu erfreuen habe. Aus dem theologisch sicher richtigen »Ach ich bin viel zu wenig / zu rühmen seinen Ruhm; / der Herr allein ist König, / ich eine
welke Blum« (Evanelisches Kirchengesangbuch 197,8) wurde
ja sehr schnell die theologisch falsche Geschichte eines »Ich
bin nichts wert, ich kann nichts«, die noch ein Tilmann Moser
in seinem Protest gegen die »Gottesvergiftung« zornig nach-
buchstabiert hat.[32] An dieser Stelle hat sich die Theologie zu
Recht von Rogers daran erinnern zu lassen, daß der Mensch
das Wesen ist, das etwas kann und will, und auch das Recht
dazu hat.

Zu fragen bleibt allerdings, ob Rogers der Story vom menschlichen Menschen wirklich dient. Ist seine Story die Geschichte vom menschlichen Menschen? Ich habe da meine
Zweifel. Seine Story erinnert mich doch zu sehr an Wall Street
und Silicon Valley. Sie ist mir zu ›kalifornisch‹, wenn ›kalifornisch‹ meint, daß der Mensch das ewig von der Sonne beschie-
nene Wesen ist: ›John Wayne in Psycho-Land‹. Etwas weniger metaphorisch gesprochen. Wird Rogers mit seiner Story
vom Menschen der Abgründigkeit unserer Existenz wirklich
gerecht? Denken wir an die Kreuzzüge, die Inquisition, die
Hexenprozesse, die Judenverfolgungen unseres Jahrhunderts
und die Stalin'schen Schauprozesse, aber auch an den seine
Frau prügelnden Ehemann, an die Eltern, die bei ihrer Über-
siedlung aus der damaligen DDR in die Bundesrepublik ihre
Kinder einfach dort zurückgelassen haben. Gehört dies alles
zur menschlichen Nicht-Geschichte? Oder haben wir es

32 Vgl. dazu Tilmann Moser, Gottesvergiftung, Frankfurt 1976.

nicht auch in diesen Geschichten mit unserer ureigenen Story der menschlichen Abgründigkeit zu tun?

Wird die Story vom Menschen, die diese Abgründigkeit letztlich ausblendet, nicht dualistisch, wenn nicht manichäisch? Wir stoßen bei Rogers durchaus auf die Spuren eines solchen Manichäismus. *Rogers erzählt in letzter Konsequenz die Story vom neuen Menschen, der der alten, bösen und zum Untergang bestimmten Welt entspringen wird.* Für mich klingen denn auch die folgenden Sätze Rogers theologisch und politisch gleich gefährlich: »Eine Lektion, die ich in meinem Garten oft gelernt habe, ist, daß das braune und modernde Laub der diesjährigen Pflanzen eine Decke bildet, unter der die neuen Schößlinge des nächsten Jahres heranwachsen. So glaube ich auch, daß wir in unserer verfallenden Kultur die undeutlichen Konturen eines neuen Wachstums, einer neuen Revolution, einer völlig anders gearteten Kultur entdecken können. Ich sehe diese Revolution nicht als große, organisierte Bewegung daherkommen, nicht als bewaffnete, flaggenschwingende Armee, und ich glaube, daß sie nicht durch Manifeste und Deklarationen, sondern durch das Entstehen eines neuen Menschen bewirkt wird, der sich inmitten des welken, vergilbenden und verrottenden Laubes unserer zum Untergang bestimmten Institutionen entwickelt.«[33] Hier höre ich die uns Deutschen nicht unbekannte Story vom Gegensatz von Kultur und Zivilisation heraus, wie sie schon Thomas Mann in seinen »Betrachtungen eines Unpolitischen« erzählte. Und wir müssen nur Weniges an Wortschatz und Grammatik dieser Geschichte verändern, so landen wir bei der Story vom Übermenschen, der sich gegen alles Niedere, Gemeine und Dunkle in lichtem Sieg erhebt – mit allen politischen und persönlichen Konsequenzen, die diese Story schon hatte und wohl noch weiter haben wird.

33 Rogers, a. a. O., S. 291.

Ebenso wie bei den verschiedenen psychotherapeutischen
Ansätzen kann auch im Kontext der Seelsorgetheorien nach
denjenigen Stories vom Menschen gefragt werden, an denen
sie miterzählen. Dies soll anhand dreier die gegenwärtige Diskussion um die Seelsorge entscheidend bestimmender Positionen versucht werden.

Dietrich Stollberg steht neben anderen[34] für den Ende der 60er-
Jahre einsetzenden Paradigmenwechsel in der Seelsorgetheorie, der in seinen Anfängen unter den globalen Begriffen des
Pastoral Counseling und des Clinical Pastoral Training (CPT;
heute: KSA = Klinische Seelsorgeausbildung) firmierte. Daß
der Paradigmenwechsel mit englischer Begrifflichkeit seinen
Einzug in der deutschsprachigen praktisch-theologischen
Diskussion hielt, verweist auf den Ursprungsort des ›neuen
Denkens‹ in den USA und zugleich auf den tiefen Einschnitt,
den dieser Paradigmenwechsel markiert. Offensichtlich stell-
ten die herkömmlichen deutschen Seelsorgetheorien nicht
einmal die Begrifflichkeit für dieses ›neue Denken‹ zur Verfügung.
Welche Story vom Menschen liegt nun diesem neuen Verständnis von Seelsorge zugrunde? Stollberg gibt im Vorwort
zur ersten Auflage seines für die bundesrepublikanische Rezeption der amerikanischen Seelsorgebewegung so wichtigen
Buches »Therapeutische Seelsorge« einen wichtigen Hinweis.
Er schreibt dort: »Der Ruf nach einer ›Neuordnung der Seelsorge‹ (Doebert) steht exemplarisch für die Notwendigkeit
einer Neuordnung von Theologie und Kirche. Historische
Texte spielen nur eine untergeordnete Rolle gegenüber ›le-

---

34 Zu nennen sind hier vor allem noch Hans-Christoph Piper, Klaus Wink-
ler und Richard Riess.

bendigen menschlichen Dokumenten‹ (Boisen), deren Auslegung dem Seelsorger heute aufgetragen ist.«[35]

Diese beiden Sätze sind in mehrerer Hinsicht aufschlußreich. Zum einen dokumentieren sie das Bewußtsein einer Epochenschwelle. Eine Neuordnung der Seelsorge war angesagt. Die Theoretiker wie die Praktiker der Seelsorge standen offensichtlich vor der Aufgabe, eine neue Story vom Menschen erarbeiten zu müssen. Und aus der heutigen Rückschau lassen sich die End-60er-Jahre für die Seelsorge als die Zeit eines – je nach theologischer Perspektive beklagten oder als unerläßlich bezeichneten – Epocheneinschnittes erkennen.[36]

Zum anderen lassen die Sätze Stollbergs auch die inhaltlichen Konturen dieser neuen Story vom Menschen erkennen. Es geht darum, den Menschen auf neue Weise »lesbar« zu machen. Diese Metapher erscheint mir wie eine Medaille, die ja bekanntlich zwei Seiten hat. Zum einen wendet sie sich gegen eine Konzeption der Seelsorge, die eben diese Kompetenz der Lesefähigkeit der ›lebendigen menschlichen Dokumente‹ hat verkümmern lassen hinter der Herausbildung einer Kompetenz der Auslegung geschriebener historischer Dokumente. Die einseitig an Texten orientierte theologische Hermeneutik mit ihrer doppelten Ausprägung in der Barth'schen und Bultmann'schen Traditionslinie ist hier kritisch im Visier. Das »Buch der Bücher« vermag eine so konzipierte Theologie zwar sehr wohl zu lesen, nicht aber mehr das »Buch der Welt« mit den darin enthaltenen Lebensgeschichten.

Hier hat Stollberg in der Tat den wunden Punkt einer ausschließlich textorientierten Theologie, die auch heute noch keineswegs überwunden ist, getroffen. Gleichzeitig weist die

---

35 Dietrich Stollberg, Therapeutische Seelsorge, München ³1972, S. 7.
36 Dies gilt im übrigen für den gesamten Bereich der Praktischen Theologie, die an der Schwelle von den 60er- zu den 70er-Jahren eine grundsätzliche Neuorientierung (gemeinhin mit dem Stichwort der »empirischen Wende« bezeichnet) erfahren hat.

andere Seite der Medaille in die nun einzuschlagende neue Richtung. Es gilt fortan, in denjenigen Büchern zu lesen, die die konkreten Lebensgeschichten der Menschen enthalten. Es geht um die aufmerksame Lektüre der Story vom konkreten Menschen. Seelsorge kann verantworlich nur betreiben, wer diese Lesekompetenz erworben hat.

Somit lassen sich die Konturen der Story, an der die neuere Seelsorgebewegung interessiert ist, klar erkennen. *Es ist die Story vom Menschen als dem Wesen, das auf liebevolle Aufmerksamkeit und Annahme angewiesen ist.*

Es zeichnet nun Stollbergs Ansatz aus, daß er diese Story in Beziehung setzt zur der Gottesgeschichte. Nur eine genau qualifizierte Gottesgeschichte entspricht dieser neu zu erzählenden Story vom Menschen und umgekehrt. Zugleich zeigt sich darin auch, daß die neuere Seelsorgebewegung sich durchaus auch als *dezidiert theologische Theorie* versteht und nicht nur als humanwissenschaftlich orientiert, wiewohl die praktisch-theologische Rehabilitation der Humanwissenschaften zu ihren wesentlichen Verdiensten gehört. Es ist der »menschliche Gott«, von dem Stollberg erzählt.[37] Gott ist

---

37 An dieser Stelle ist offensichtlich eine gewisse höhere Ironie am Werk. Auf der einen Seite arbeitet sich Stollberg an Thurneysen und Barth immer wieder ab, um in eine kritische Distanz zu diesen zu gelangen. Wobei die Kluft zwischen dem Barth'schen Ansatz und dem der neuere Seelsorgebewegung zu einer theologiegeschichtlich entscheidenden Bruchstelle stilisiert wird: »Karl Barth wurde von Göttingen nach Münster berufen, als im selben Jahre jenseits des Atlantik das erste CPT begann. Im Deutschland zwischen den Kriegen begann die Stunde der dialektischen Theologie, die große Stunde der Dogmatik und die Stunde der ideologischen Auseinandersetzung, im Amerika zwischen den Siegen [Kriegen?] begann die Stunde der empirischen Theologie, die Stunde der Seelsorge und die Stunde der Auseinandersetzung zwischen papierener Schultheologie und einer Theologie anhand ›lebender menschlicher Dokumente‹ (A.T.Boisen).«[Dietrich Stollberg, Wenn Gott menschlich wäre... Auf dem Weg zu einer seelsorgerlichen Theologie, Stuttgart 1978, S. 90.] Zugleich ist das von Stollberg so gern benutzte Theologumenon vom »menschlichen Gott« vom späten Karl Barth zum zentralen

»der väterlich-mütterliche ›Grund unseres Seins‹, der Geborgenheit, Zuversicht und Lebensmut ermöglicht inmitten aller Ungeborgenheit, Hoffnungslosigkeit und Angst... Statt herrscherlicher Distanz und autoritärer Führungsgewalt, die einem bergenden und Sicherheit gewährenden Vater zusteht, bietet Gott diese Nähe seiner *Menschwerdung*, brüderliche *Solidarität* und *Verzicht* auf Macht uns gegenüber an.«[38] Es ist eindeutig, an welcher Geschichte Stollberg hier mitschreibt. Es ist die Geschichte von Gott als dem Seelsorger und seinen Geschöpfen, die dazu eingeladen sind, sich diesem Seelsorger mit ihrer ganzen Existenz anzuvertrauen. Stärke und Schwäche dieses theologischen Ansatzes liegen auf der Hand. Auf der einen Seite gelingt es Stollberg, sein Verständnis von Seelsorge und der Rolle des Seelsorger auch und gerade theologisch zu begründen. Zum anderen jedoch bin ich mir nie ganz sicher, welches nun die grundierende Story ist: die Geschichte Gottes oder die Geschichte vom Menschen. Nicht immer kann ich mich ganz des Verdachts erwehren, daß Gott letztlich doch ein in den Himmel hochgerechneter Psychotherapeut ist, der dann allerdings in seiner therapeutischen Omnipotenz mehr furchteinflößend als wirklich menschlich wäre. Wie auch immer, eines kann auf jeden Fall bei Stollberg gelernt werden, daß die Geschichte des menschenfreundlichen Gottes und die Story vom auf fürsorgliche Wahrnehmung angewiesenen Menschen aufs engste zusammengehören.

Rudolf Bohren hat nun gegen diese von der neueren Seelsorgebewegung erzählte Story vom Menschen seinen leiden-

---

Kristallisationspunkt seiner Theologie gemacht worden. Gilt auch hier also: Eine Distanz Stollbergs zu Barth bei umso größerer Nähe?

38 Dietrich Stollberg, Wahrnehmen und Annehmen. Seelsorge in Theorie und Praxis, Gütersloh 1978, S. 144.

schaftlichen Protest erhoben. Und so wie Stollberg seinen
Ansatz in kritischer Distanz zu Eduard Thurneysen entwik-
kelt hat, so formuliert Bohren seinen Protest unter ausdrück-
licher Berufung auf Thurneysen. Nicht von ungefähr hat
Bohren eine so umstrittene wie fulminante Biographie des
Altmeisters der Seelsorgetheorie geschrieben.[39] Bohrens Protest gründet und gipfelt in dem Vorwurf, daß die Story vom
Menschen, die die neuere Seelsorgebewegung erzählt, eine
theologisch wie politisch bedenkliche Verharmlosung des
Wesens des Menschen sei. Für ihn gilt, »daß die ›Pastoral-
Psychologie‹ zur Zeit theologisch in einer Leichtgewichts-
klasse agiert, die dem Schwergewicht der Zeit nicht gewach-
sen erscheint«[40]. Zum einen beansprucht für Bohren die
Pastoralpsychologie heute zu viel, zum anderen will sie zu
wenig. Sie beansprucht zu viel, indem sie über die Menschen
Macht zu gewinnen versucht. Bohren spricht in dieser Hinsicht einen Generalverdacht aus, der an Deutlichkeit nichts zu
wünschen übrig läßt: »Die Faszination, die die Humanwissenschaften nach 1968 auf die kirchliche Seelsorge ausübten,
rührte zweifellos daher, daß man auf einmal ein know how
hatte. Das Wissen um die Seele vermittelte dem Seelsorger
Macht.«[41] Zum anderen will die Seelsorge zu wenig, indem sie
sich mit den Stories vom Menschen begnügt, die in den Humanwissenschaften erzählt werden. Dem hält Bohren die
Forderung nach einer »biblischen Psychologie« entgegen.
Begrenzen die Humanwissenschaften – so Bohren – den
Menschen auf gemachte Erfahrung und legen ihn damit auch
fest, so ist die »biblische, spirituelle und damit neue Psycho-

39 Rudolf Bohren, Prophetie und Seelsorge. Eduard Thurneysen, Neukirchen-Vluyn 1982; vgl. dazu auch die instruktive Rezension des Buches durch
Christof Bäumler in Theologia Practica 19 (1984), S. 355–362.
40 Rudolf Bohren, Macht und Ohnmacht der Seelsorge, Pastoraltheologie
77 (1988), S. 463–472, zit. Stelle, S. 466.
41 A. a. O., S. 464.

logie... demgegenüber eine Wissenschaft von künftiger Erfahrung, eine Art Futurologie der Seele«[42].

Welche Story vom Menschen erzählt nun die von Bohren inaugurierte Futurologie der Seele? Bohren bringt in diesem Zusammenhang Paulus als den großen Erzähler ins Spiel. *Paulus und Bohren erzählen die Story vom Menschen als dem stets von Mächten beherrschten Wesen, das nur die Wahl hat, zwischen verschiedenen Herrschaftsbereichen – befreienden und einengenden – zu wählen.* Hier sieht Bohren das goße Versagen der Pastoral-Psychologie, daß sie den Aspekt der Herrschaft konsequent ausblendet. Letztlich läuft der Vorwurf Bohrens auf den Vorwurf der Verharmlosung hinaus, und in dieser Hinsicht hat er sicher seinen Finger auf die richtige Stelle gelegt. So lese ich bei Rogers, der psychische Organismus des Menschen tendiere nicht dazu, »sein Selbstzerstörungspotential zu verwirklichen«, und nur »unter ungewöhnlichen oder perversen Umständen wird dieses Potential aktualisiert. Es besteht kein Zweifel daran, daß die Aktualisierungstendenz selektiv ist und in eine bestimmte Richtung zielt – eine konstruktive Tendenz, wenn man so will.«[43] Wie lesen sich solche Sätze angesichts der Erfahrungen gerade unseres Jahrhunderts – angesichts von Auschwitz, dem Archipel Gulag und des Massakers von My Lai? Blendet Rogers hier nicht gerade das aus, was Hannah Arendt die »Banalität des Bösen«[44] genannt hat? Der Biedermann als Brandstifter ist hier wohl kaum noch ernsthaft im Blickfeld. Insofern ist Bohrens Anfrage an diese Story vom Menschen sehr wohl berechtigt.

Kritisch zu fragen bleibt allerdings, auf welche Weise Bohren selbst diese von Paulus begonnene Story vom Menschen wei-

42 A. a. O., S. 467.
43 Vgl. dazu Rogers, a. a. O., S. 270.
44 Vgl. dazu Hannah Arendt, Eichmann in Jerusalem. Von der Banalität des Bösen, München ⁵1986.

tererzählt. Denn Bohren übernimmt ungebrochen die militanten Metaphern aus der Story des Paulus, ja er verteidigt sie energisch angesichts der von ihm attackierten Verharmlosungstendenzen. So heißt es zum Menschenbild bei Paulus: »Seine Metaphorik ist für ein bürgerliches Plüsch- und Sahnechristentum haarsträubend. Seine geistlichen Waffen bilden eine force de frappe, die Überlegenheit garantiert«[45]. Und auch die aktuellen politischen Implikationen seines Seelsorgeverständnisses benennt Bohren deutlich: »Ich denke, daß solch imperiale Seelsorge in einer Welt, die von zwei Großmächten dominiert wird, als Strategie einer neuen Gesellschaft heute eine besondere Aktualität bekommt... Die kirchliche Seelsorge heute hat ihren imperialen Charakter verloren und damit auch ihr Ziel. Der häufige Gebrauch des Wortes ›Chance‹ in der Diktion kirchlicher Funktionäre könnte diese Ziellosigkeit charakterisieren; Chance meint ursprünglich den glücklichen Wurf beim Würfelspiel. Eine Kirche und eine Seelsorge, die jede sich anbietende ›Chance‹ ergreift, weiß im Grunde nicht, was sie soll. Agiert aber der Seelsorger als kirchlicher Affe des Psychologen, stabilisiert die Seelsorge das Elend der Welt. Auf einen von zwei Weltmächten beherrschten Erdkreis wird die Seelsorge eine Perestroika nötig haben.«[46]

So weit, so gut – und doch auch nicht! Bohrens Story vom Menschen hat darin recht, daß sie uns daran erinnert, daß wir Menschen alles andere als harmlose Wesen sind, daß unsere Abgründigkeit von uns selbst nicht auslotbar ist und daß wir einer guten Macht bedürfen, damit wir uns nicht in unserer eigenen Abgründigkeit zu Tode stürzen. Nur stellt sich die Frage, ob dieses gnädige Bewahrtwerden, von der die biblischen Schriften erzählen, heute noch mit so militanten Meta-

---

45 Bohren, a. a. O., S. 471.
46 A. a. O., S. 472.

phern und gar noch mit dem Begriff einer »imperialen Seelsorge« sachgemäß ausgedrückt werden kann. Ich denke, es ist an der Zeit, hier auch manche überkommene biblische Metapher gründlich zu prüfen. Geht es im Prozeß der Seelsorge wirklich um einen »Herrschafts«wechsel? Wo die Freiheit »herrscht«, dort herrscht schon keine Freiheit mehr, hat Erich Fried nicht zu Unrecht gesagt.[47] War es deshalb so ungefährlich, Jesus den »Kyrios« zu nennen? Daß diese Prädikation in der Situation des Urchristentums eine eminent herrschaftskritische Funktion hatte, ist deutlich. Nur: Die Wahl dieser Metapher hat sich faktisch gerächt. Sehr schnell konnte dann im Verlauf der Christentumsgeschichte aus dem »Kyrios« ein Herrscher werden in imperialer Gestalt, die sich in nichts mehr von den Herrschaftsbildern der Caesaren unterschied. Die Metapher »Herr« hat auf diese Weise ihre Unschuld verloren, wenn sie denn überhaupt je eine unschuldige Metapher war. Ein Herr hat nun einmal Knechte oder Sklaven unter sich. Bereits im Neuen Testament selbst findet sich durchaus eine Kritik an den imperialen Metaphern. So heißt es in Johannes-Evangelium 15,14–15: »Ihr seid meine Freunde, wenn ihr tut, was ich euch gebiete. Ich sage hinfort nicht, daß ihr Knechte seid; denn ein Knecht weiß nicht, was sein Herr tut. Euch aber habe ich gesagt, daß ihr Freunde seid; denn alles, was ich von meinem Vater gehört habe, habe ich euch kundgetan.« *Solche* Sätze müßten weitaus eher denn die »imperialen« zu einer Metaphern-Schule für die Story vom Menschen werden, die eine biblische Psychologie zu erzählen sich vornimmt.

47 Vgl. dazu auch: »Wenn ich um der Freiheit willen Machtpolitik betreibe, / verrate ich mich selber und die Freiheit. / Freiheit kann nicht an die Macht kommen, / ohne Unfreiheit zu werden und zu erzeugen, / aber sie kann gegen Macht kämpfen, indem sie Freiheit ist, / und sie kann vielleicht die Macht abschaffen.« Erich Fried, Liebesgedichte, Berlin 1979, S. 90 f.

Wie bei Bohren so ist auch das pastoraltheologische Denken von *Joachim Scharfenberg* auf eine Anthropologie der Zukunft hin ausgerichtet. Allerdings auf eine charakteristisch andere Weise als bei Bohren. Obwohl Scharfenberg meiner Kenntnis nach in keiner seiner Schriften sie zitiert, könnten die ersten Sätze von Ernst Blochs »Tübinger Einleitung in die Philosophie« auch das Leitmotto seiner Seelsorgetheorie sein: »Ich bin. Aber ich habe mich nicht. Darum werden wir erst.«[48] *Scharfenberg erzählt nämlich die Story vom Menschen als dem Wesen, das sich seiner eigenen Lebensgeschichte immer erst vergewissern muß und das im Prozeß dieser Vergewisserung in fremden Geschichten verfangen ist, die – je nach ihrer Beschaffenheit – seiner Ich-Werdung dienen oder schaden können.*

Es ist deutlich, daß Scharfenberg hier auf eigene gemachte, von ihm als befreiend erlebte Erfahrungen zurückgreift. So kann er von sich selbst sagen: »Ich persönlich gehöre noch zu den sehr selten gewordenen Glückspilzen, die einen Vater hatten, der seinen Kindern Geschichten erzählte. Geschichten noch dazu, die ad hoc geschaffen wurden, und die sogar individuelle Wünsche hinsichtlich bestimmter Einzelheiten zuließen. Ich kann heute noch bestimmte Entwicklungsschritte meiner Kindheitsgeschichte an Hand der zu ihnen gehörigen Geschichte rekonstruieren.«[49] Entwicklung, Ich-Findung, Selbst-Werdung, dies alles ist für Scharfenberg von Geschichten begleitet und vollzieht sich in Geschichten. Allerdings erliegt Scharfenberg dabei keinesfalls einem naiven Verständnis von Selbst-Verwirklichung. Sein narratives Verständnis von Subjektivität bewahrt ihn davor. Wenn wir in

---

48 Ernst Bloch, Tübinger Einleitung in die Philosophie I, Frankfurt ⁵1967, S. 11.
49 Joachim Scharfenberg, Einführung in die Pastoralpsychologie, Göttingen 1985, S. 72.

und durch Geschichten wir selbst werden, dann kann diese Selbst-Werdung in einer autistischen Selbstbezogenheit nur mißlingen. Wenn wir auf fremde Geschichten angewiesen sind, um wir selbst zu werden, dann geschieht dies immer auch in einem Akt der Entäußerung, des sich dem Fremden Aussetzens. Das Ich kommt nur zu sich, wenn es nicht nur auf sich selbst bezogen bleibt.

Glücken kann dieser Prozeß aber nur dort, wo die Geschichten, die mich bestimmen, befreiende Erfahrungen ermöglichen. Und nicht alle Geschichten tun dies. Scharfenberg führt dafür die Forschungen des amerikanischen Soziologen George Gerbner an, der gezeigt hat, daß bestimmte amerikanische Fernsehserien das Lebensbild vieler Menschen so »programmieren«, daß sie sich nur noch innerhalb der dort vorgegebenen Standards verhalten können.[50] Dieser Prozeß ist umso wirkungsvoller, als er sich unbewußt vollzieht. Die Menschen folgen einem geheimen Curriculum Vitae, das sie sich nicht gewählt haben, dessen Gesetze sie nicht durchschauen und dessen Impulsen sie nicht widerstehen können.

Im Widerspruch gegen solche einengenden Geschichten entzündet sich auch die *theologische* Leidenschaft Scharfenbergs. In den biblischen Geschichten und insbesondre in der Lebensgeschichte des Jesus von Nazareth identifiziert Scharfenberg einen Typus von Geschichten, der Freiheit nicht einengt, sondern Freiheit erst ermöglicht. So entwickelt er die interessante These, daß der Rhythmus des Kirchenjahres – früher freilich sehr viel massiver als heute – ein solch konkretes Gerüst einer grundierenden Story ist, die in der Erfahrung fremder Geschichte eigene Lebensgeschichte gleichsam freisetzt: »... wenn sich im Kirchenjahr tatsächlich so etwas wie die Struktur eines Curriculum Vitae ausmachen läßt, dann ist das

50 Vgl. dazu a.a.O., S. 73–79.

natürlich in erster Linie die ›Vita Jesu‹ und nicht die meine. Aber schließlich geht es doch dabei um die Aufgabe, mein Leben dem seinen ›anzuverwandeln‹, mich mit der Sache Jesu zu verbinden, meine Lebensgeschichte auf der Folie seiner Geschichte zu verstehen, neu zu deuten und ihr so einen Sinn zu verleihen.«[51] Seelsorge wäre dann derjenige Prozeß, in dem es gelingt, eigene Lebensgeschichte im Durchgang durch diese ›fremde‹ Geschichte neu zu gewinnen. Die Story vom Menschen als dem durch und in Geschichten sich selbst findenden Wesen, zeitigt bei Scharfenberg also zugleich auch einen methodologischen Ansatz der Seelsorge. Sie ist »Seelsorge als Gespräch«[52] – konkreter: Seelsorge als Erzählen von Geschichte(n).

IV.

Bei der Frage nach dem Menschenbild in Psychotherapie und Seelsorge sind wir auf eine Fülle von Stories gestoßen, die den jeweiligen Konzeptionen zugrunde liegen. Dabei wurde deutlich, wie jede dieser grundierenden Stories die jeweiligen Konzeptionen in ihrer inhaltlichen Ausrichtung wie in ihren methodischen Konsequenzen beeinflußt. Die Story vom Menschen, die einer bestimmten Konzeption von Psychotherapie und Seelsorge zugrundeliegt, bleibt dieser also nicht äußerlich, sondern bestimmt ihr Profil nachhaltig.

Was folgt nun aus der Tatsache, daß wir bereits bei unserer kurzen exemplarischen Analyse auf eine Fülle solcher Stories gestoßen sind? Ergibt sich daraus eine postmoderne Beliebig-

---

51 A. a. O., S. 79.
52 So bereits der Titel des 1972 erstmals erschienen Buches von Joachim Scharfenberg, Seelsorge als Gespräch. Zur Theorie und Praxis der seelsorgerlichen Gesprächsführung, Göttingen ³1980.

keit, ein Supermarkt an Möglichkeiten, in dem die Seelsorge sich grenzenlos bedienen kann? Verschwimmen damit nicht die Konturen evangelischer Seelsorge, wie dies Rudolf Bohren befürchtet? Oder folgt daraus, daß die Seelsorge sich all dieser Angebote enthalten soll und in einer splendid isolation unbeirrt ihren eigenen Weg zu gehen hat? Doch auch dieser Weg müßte ja wieder eine bestimmte Story vom Menschen erzählen.

Doch ist gerade diese Alternative zwischen postmoderner Unverbindlichkeit und splendid isolation nicht zwingend. Denn die Fülle der Stories vom Menschen, die heute allenthalben erzählt werden, zwingt alle, die am Prozeß der Seelsorge beteiligt sind, sich auf *die* Story vom Menschen zu besinnen, der sie sich verpflichtet wissen. Dabei erzählen bereits die biblischen Texte selbst eine Vielzahl von Stories, die nicht ohne weiteres harmonisiert werden können. Die kirchliche Kanonentscheidung hat dies so akzeptiert, indem sie auf eine vorschnelle Harmonisierung verzichtet hat. Zugleich ist uns damit eine theologische Aufgabe gestellt: *Wir müssen heute die Story verantworten, die uns bei unseren seelsorgerlichen Bemühungen leiten soll.*

Dieser Prozeß ist alles andere als harmlos oder banal. In ihm fallen die grundlegenden Entscheidungen sowohl über die inhaltliche Ausrichtung der Seelsorge wie auch über ihr methodisches Vorgehen. Deshalb soll abschließend in vier Punkten der Horizont skizziert werden, in dem sich heute m.E. eine solche theologisch verantwortete Story vom Menschen ansiedeln müßte.

1. Wir können die Story vom Menschen, die uns in unserer Seelsorge leitet, nicht unbeteiligt erzählen. Wir selbst sind in sie eingewoben. Wenn es richtig ist – und alle Anzeichen sprechen dafür –, daß wir heute immer mehr von einer traditionsgeleiteten Gesellschaft Abschied nehmen und auf dem

Weg sind hin zu einer multikulturellen Gesellschaft, in der die Menschen in eigener Verantwortung ihre Lebensziele bestimmen, so kommt der Person des Seelsorgers oder der Seelsorgerin eine wichtige Bedeutung zu. Sie repräsentiert in gewisser Weise mit ihrer eigenen Person die Inhalte, um die es in der Seelsorge geht. Dies bedeutet: Die Story, die wir unserer Seelsorge zugrundelegen, muß eine *authentische* Story sein. Wir selbst müssen in ihr erkennbar sein, in dem was wir wollen und was wir sind, in unserem Können und Vermögen, auch in unserem Versagen und Tasten. Ohne eigenen Anteil, ohne Empathie und Sympathie wird es heute weniger denn je evangelische Seelsorge geben können. Dies wehrt jedem Doktrinarismus und jeder Selbstherrlichkeit. *Die verbindliche Form der Seelsorge in der multikulturellen Gesellschaft ist die des offenen Ohres, des wachen Auges und der ausgestreckten Hand.*

2. Dies meint nun aber gerade nicht Unverbindlichkeit. Die Forderung nach dem offenen Ohr, dem wachen Auge und der ausgestreckten Hand ist ja selbst in einer bestimmten Story vom Menschen verankert, wie sie uns in den biblischen Geschichten von Gott und den Menschen begegnet. Der Gott der Bibel ist ein Gott des offenen Ohres, des wachen Auges und der ausgestreckten Hand. Nicht von ungefähr sind diese Sinnesorgane tragende Metaphern des biblischen Redens von Gott. Der Gott, der uns Menschen als seine Partnerinnen und Partner wünscht, widerspricht allen Stories vom Menschen, die anderes behaupten. Sei es die Story vom Menschen als dem Wolf seines Mitmenschen (wiewohl wir Menschen immer auch zu Wölfen werden), sei es die Story von den Menschen, die auf dem freien Markt gegeneinander konkurrieren (wiewohl unsere Eitelkeit uns immer wieder zu Konkurrenten werden läßt), sei es die Story vom Menschen als bloßem Konsumenten, die uns die Warenästhetik Tag für Tag auf-

drängt (wiewohl wir in unserer berechtigten und wohl auch lebensnotwendigen Sinnenfreude auch zu bloßen Konsumenten werden können). Dies meint: *Die Stories vom Menschen sind immer normativ.* Deshalb sollte auch die Seelsorge sich der ihr innewohnenden Normativität nicht schämen. Seelsorge wird deshalb auch im Widerspruch bestehen. Widerspruch gegen diejenigen Stories vom Menschen, die zu jener Story vom biblischen Gott und den Menschen in Widerspruch stehen, wobei ausdrücklich festzuhalten ist, das solche die Geschichte Gottes konterkarierenden Stories durchaus auch innerhalb der Kirche erzählt worden sind oder erzählt werden. Seelsorge wird immer auch kirchenkritisch sein müssen – um der wahren Story vom Menschen willen. Zugleich wird es auch Stories geben, die außerhalb der Kirche erzählt werden, von denen die Seelsorge lernen kann. Seelsorge vollzieht sich gerade nicht in einer splendid isolation, sondern in der lernenden Auseinandersetzung mit den Welt-Geschichten.

3. Dies hat zugleich Konsequenzen für die Verhältnisbestimmung von Psychotherapie und Seelsorge. Dabei dürfte es weder hilfreich sein, eine »biblische Psychologie« erratisch einer humanwissenschaftlich orientierten Psychotherapie entgegenzusetzen, noch wird die Gleichung, Seelsorge sei »Psychotherapie im kirchlichen Kontext«[53], der zur Diskussion stehen Problematik gerecht. Vielmehr muß sich die Seelsorge mit der Psychotherapie zusammen in den Streit begeben um die »wahre« Story vom Menschen. In diesem Prozeß steht nicht von vornherein fest, wer im Besitz dieser wahren Story ist. Diese Story entsteht erst aus der kritischen Befragung einer Vielfalt von Stories, wobei die Seelsorge durchaus von einzelnen Stories der Psychotherapie lernen kann, ande-

53 Dietrich Stollberg, Wahrnehmen und Annehmen, a. a. O., S. 29.

ren wird sie widersprechen müssen. So steht m.E. die Story vom Menschen, die der – im Vergleich zu Jung – vordergründig sehr viel religionskritischere Freud erzählt, der biblischen Story vom Menschen um einiges näher als die Story, an der Jung erzählt. Freuds Story vom Menschen und die biblische Story entsprechen sich darin, daß es in beiden Stories um den individuellen Menschen geht, der seine Fähigkeiten entdekken und zugleich seine Grenzen akzeptieren soll. Während die Jung'sche Story mit ihrem Lob des Mythos, die ja heute gerade wegen dieser Akzentuierung sehr attraktiv ist, der mythenkritischen biblischen Story vom Menschen eher fern steht. Aber auch hier gilt: Jeder Seelsorger, jede Seelsorgerin wird in eigener theologischer Verantwortung Entscheidungen zu treffen haben. Auch für die Verhältnisbestimmung von Psychotherapie und Seelsorge gilt, daß eine protestantische Kirche kein Lehramt hat, wohl aber Regeln, den Streit um divergierende theologische Positionen sachgerecht auszutragen.

4. Schließlich ist daran zu erinnern, daß Seelsorge heute nur noch als ein umfassender Prozeß gedacht und verantwortet werden kann. Er läßt sich weder mit dem Begriffspaar »Klient und Therapeut« noch mit dem Begriffspaar »Ratsuchender und Wissender« sachadäquat umschreiben. Wenn die uns bestimmenden Stories unser Leben nachhaltig gestalten, so muß auch die Seelsorge als ein solcher das menschliche Leben in all seinen Dimensionen gestaltender Prozeß begriffen werden. Seelsorge wird damit zum umfassenden Vorgang der Rekonstruktion von Lebensgeschichte.[54] Ein Prozeß, in dem individuelle Lebensgeschichte jeweils aufs neue gewonnen werden kann in der Auseinandersetzung mit den vielen Stories der

---

54 Vgl. dazu auch Albrecht Grözinger, Seelsorge als Rekonstruktion von Lebensgeschichte, in: Wege zum Menschen 38 (1986), S. 178–188.

Welt und der Story von Gott und den Menschen. Das heißt: Die Seelsorge selbst schreibt an der Story vom Menschen mit, und daraus entsteht – wo immer Seelsorge gelingt – eine Geschichte, die authentischer Ausdruck dessen ist, was Paulus »die herrliche Freiheit der Kinder Gottes« (Römer 8,21) genannt hat.

»Religion und Biographie« in der Beerdigungspredigt

Kultur des Todes und Bestattungsritual

Die Frage nach der theologischen Legitimität biographischer Elemente in der Bestattungspredigt ist eine aus sachlichen Gründen sorgfältig zu bedenkende Frage, insofern sie uns zugleich vor einen *historischen*, einen *systematisch-theologischen* sowie vor einen *praktisch-theologischen* Problemhorizont stellt.

Die Frage nach der »Bestattungspredigt« stellt uns vor die in allen Kulturen auf ganz fundamentale Weise empfundene Tatsache, daß wir Menschen sterben müssen, daß unsere Existenz eine endliche, zeitlich begrenzte ist. Dies klingt zunächst einmal banal, wurde aber gerade in dieser Banalität als eine grundlegende Herausforderung für alles Denken, für alle menschliche Kultur erfahren. Man kann, wenn eine solche globale Sicht einmal erlaubt ist, das Entstehen von so etwas wie Kultur überhaupt als eine Reaktion auf die Erfahrung menschlicher Endlichkeit verstehen. In unserer abendländischen Kultur ist der Tod das Problem par excellence. So kann die abendländische Kunst in ihrer Gesamtheit durchaus als Protest gegen den Tod gelesen werden. Die Aussage von Elias Canetti, sein ganzes literarisches Werk sei ein einziges Anschreiben gegen den Tod, hat durchaus repräsentativen Charakter.[1]

Die theologische Bedeutsamkeit der Frage nach dem Tod wird noch dadurch unterstrichen, daß innerhalb der kultu-

---

1 Vgl. dazu auch Henning Luther, Tod und Praxis. Die Toten als Herausforderung kirchlichen Handelns. Eine Rede, in: Zeitschrift für Theologie und Kirche 88 (1991), S. 407–426.

rellen Ausdifferenzierung der »Tod« bzw. die Bewältigung der Todesproblematik – zumindest bis ins ausgehende 18. Jahrhundert hinein – dem kulturellen Subsystem Religion zugeordnet wurden. Dieses Phänomen teilt die abendländische Kultur mit den meisten Kulturen der Erde. Die Todesproblematik wird offensichtlich als so gewichtig erfahren, daß sie nach einer religiösen Antwort verlangt.

Diese in wenigen groben Strichen entworfene Skizze kann zugleich als ein ein genereller Interpretationsrahmen für die folgenden Überlegungen dienen.

I.

Als erstes soll der *historische* Horizont des Problems ins Auge gefaßt werden. Offensichtlich kennen alle Kulturen bestimmte religiöse Riten, einen toten Menschen zu ›bestatten‹. Damit einher geht das menschliche Bedürfnis, diesen Akt auch mit Worten zu bekleiden. Dieser Zusammenhang soll exemplarisch am Beispiel der jüdisch-christlichen Tradition dargestellt werden.

Zunächst einmal ist festzustellen, daß es *den* Tod so überhaupt nicht gibt. Zwar gibt es das biologische Faktum, daß der Stoffwechselkreislauf des menschlichen Körpers zeitlich begrenzt ist und nach dem, was wir »Tod« nennen, organisch zerfällt. Doch als reinem *biologischen* Faktum begegnen wir dem Tod nie. Wir begegnen dem Tod stets als einem *kulturellen* Faktor. Das heißt, der biologische Vorgang des endlichen Lebens ist immer schon von einem Zaun kultureller Erfahrungen und Wertungen umstellt. *Es ist der interpretierte Tod, den wir erfahren.* Und diese kulturelle Wertungen sind historisch wandelbar. So gibt es zum Beispiel eben nicht das christliche Todesbild, sondern auch innerhalb der christlichen Tradition wandelt sich das Bild vom Tod und damit auch die menschlichen Einstellungen gegenüber dem Tod.

Bahnbrechend waren in dieser Hinsicht die Forschungen des französischen Historikers Philippe Ariès.[2] Seine umfassende »Geschichte des Todes« gibt einen erhellenden Einblick in die Wandelbarkeit menschlicher Todeserfahrung im Kontext der abendländischen Kultur. Ariès unterscheidet dabei grob vier historische Epochen des menschlichen Umgangs mit dem Tod.

Die erste Epoche, die bis ins Hochmittelalter reicht, charakterisiert er mit den Worten vom »gezähmten Tod«. Der Tod wird verstanden als Schlaf des Menschen hin bis zur Auferstehung. Auch auf den bildlichen Darstellungen werden die Toten als Schlafende charakterisiert. Das Sterben gilt als Abschied auf Zeit, das Sterben selbst ist deshalb kein Trauer hervorrufender Vorgang. Als wichtigster religiöser Akt gilt in dieser Zeit die Absolution, die den Sterbenden erteilt wird. Die Bestattungen fanden in der Kirche, an ihren Mauern oder in ihrer unmittelbaren Nähe statt, woraus sich dann allmählich der Friedhof entwickelt. Der Vorgang der Bestattung selbst aber hatte zu dieser Zeit keinen hohen kulturellen Stellenwert.

In der darauf folgenden Epoche individualisiert sich die Todeserfahrung. Ariès spricht von der Epoche des »eigenen Todes«. Darstellungen des Jüngsten Gerichtes werden nun im Rahmen der Todesbewältigung wichtig. Die Frage, was kommt auf mich individuelles, unverwechselbares Wesen nach dem Tode zu, gewinnt an Raum. Damit hängt zusammen, daß nun auch die Grabstätten individueller, in ihrer ästhetischen Ausgestaltung auch aufwendiger werden. Seinen eigenen Tod zu finden, wird nun zur menschlichen Aufgabe. Die ›ars moriendi‹ gehört zu den unersetzlichen Bedingungen der conditio humana.

2 Vgl. dazu Philippe Ariès, Studien zur Geschichte des Todes im Abendland, München 1981; Ders., Geschichte des Todes, München 1982.

Eine dritte kulturelle Ausformung der Todeserfahrung nennt Ariès den *»Tod des Anderen«*. Ging es bisher in der kulturellen Auseinandersetzung mit dem Tod primär um das eigene Sterben, so tritt etwa ab dem 17. Jahrhundert das Interesse am Tod anderer Menschen in den Vordergrund. Dadurch wird einer ›Romantisierung‹ des Todes Vorschub geleistet. Der Tod kann nun zelebriert werden. Im Gesellschaftsroman des 18. und 19. Jahrhundert nehmen Todesszenen eine herausragende Stellung ein. Es ist unverkennbar, daß damit auch vom eigenen Sterben-Müssen abgelenkt wird. Der Tod ist das, was anderen widerfährt. Das Sterben tritt nun genauer ins Blickfeld der Menschen, jedoch ist dies eine Genauigkeit aus der Distanz heraus.

Damit ist zugleich der Übergang zur vierten Epoche markiert, die das Todesverständnis unserer gegenwärtigen Kultur kennzeichnet. Ariès spricht vom *»verbotenen Tod«*. Der Tod wird ausgesperrt. Zwar werden die Friedhöfe immer perfekter geplant, sie werden auch kommerzieller geführt. Aber dahinter verbirgt sich die Weigerung, den Tod zu integrieren. Sterben und Krankheit werden aus dem Alltag entfernt und an Spezialisten, Ärzte und Pfarrer, delegiert.

So weit in wenigen groben Strichen die Ergebnisse der sehr detaillierten Forschungen von Philippe Ariès. Worauf es in unserem Zusammenhang vor allem ankommt, ist die Tatsache des Todes als kulturellem Faktor. Tod gibt es nicht schlechthin, sondern es gibt immer nur gedeuteten und gewerteten Tod. An dieser Deutung und Wertung hat die Religion wesentlichen Anteil. Innerhalb der religiösen Deutung des Todes kommt neben den rituellen Vollzügen der Sprache eine besondere Bedeutung zu. Bestattung wird in der jüdisch-christlichen Tradition immer auch von Worten begleitet.

Dies ist bereits im Alten Testament zu beobachten. So ist uns in 2. Samuel 3,33 das kurze Klagelied Davids auf seinen Feldherrn Abner überliefert. Es lautet:

»Mußte Abner sterben, wie ein Gottloser stirbt? Deine Hände waren nicht gebunden, deine Füße waren nicht in Ketten gelegt. Und doch bist du gefallen, wie man einen Ruchlosen fällt.«

Aus dem Kontext geht eindeutig hervor, daß diese Worte beim Begräbnis Abners gesprochen wurden. Etwas zugespitzt könnte man diese Sätze als eine der ersten Bestattungspredigten der jüdisch-christlichen Tradition bezeichnen. Ähnliches kann von dem poetisch anspruchsvolleren Totenlied Davids auf Saul und Jonatan gelten:

»Die Edelsten in Israel sind auf deinen Höhen erschlagen. Wie sind die Helden gefallen. Sagt's nicht an in Gat, verkündet's nicht auf den Gassen in Aschkelon, daß sich nicht freuen die Töchter der Philister, daß nicht frohlocken die Töchter der Unbeschnittenen. Ihr Berge von Gilboa, es soll weder tauen noch regnen auf euch, ihr trügerischen Gefilde, denn daselbst ist der Helden Schild verworfen, der Schild Sauls, als sei er nicht gesalbt mit Öl. Der Bogen Jonatans hat nie gefehlt, und das Schwert Sauls ist nie leer zurückgekommen vom Blut der Erschlagenen und vom Mark der Helden. Saul und Jonatan, geliebt und einander zugetan, im Leben und im Tod nicht geschieden; schneller waren sie als die Adler und stärker als die Löwen. Ihr Töchter Israels, weinet über Saul, der euch kleidete mit kostbarem Purpur und euch schmückte mit goldenen Kleinoden an euren Kleidern. Wie sind die Helden gefallen im Streit! Jonatan ist auf deinen Höhen erschlagen! Es ist mir leid um dich, mein Bruder Jonatan, ich habe große Freude und Wonne an dir gehabt; deine Liebe ist mir wundersamer gewesen, als Frauenliebe ist. Wie sind die Helden gefallen und die Streitbaren umgekommen.«

Es sei bereits an dieser Stelle darauf hingewiesen, daß diese Texte der Hebräischen Bibel keine Scheu zu kennen scheinen, gerade bei der Totenklage biographische Elemente aufzunehmen, ja sie in den Mittelpunkt der Verarbeitung des Todes zu stellen.
Gleichwohl ist das, was wir heute die Bestattungspredigt nennen, nie unproblematisch gewesen. Zwar hat die Bestattungspredigt zu keiner Zeit in der Kirchengeschichte gefehlt,

konnte sich jedoch auch nie ganz und unbestritten durchsetzen. Bereits aus der Zeit der Alten Kirche sind uns Bestattungspredigten überliefert. Meist sind es Predigten von bekannten Theologen auf berühmte Persönlichkeiten (so z. B. von Gregor von Nyssa auf Bischof Meletius oder auf seinen Bruder Basilius). Diese Predigten stehen ganz in der Tradition der römischen Totenrede, der sogenannten Laudatio Funebris. Es sind leicht christianisierte, stark typisierte Lobreden auf den Toten. Diese Tradition tritt dann im Mittelalter zurück, während jetzt liturgische Elemente und Gebete (vor allem Psalmgebete) in den Vordergrund treten.

Erst mit der Reformation gewinnt die Tradition der Bestattungspredigten wieder an Gewicht, jedoch rückt auch deren Problematik erneut ins Bewußtsein. Luther selbst hat für die beiden Kurfürsten, Friedrich den Weisen von Sachsen und Johann von Sachsen, eine Bestattungspredigt gehalten. Bugenhagen hält anläßlich des Todes von Luther die Bestattungspredigt. Die mit der Reformation aufkommende Problematik der Bestattungspredigt läßt sich dahin zusammenfassen: Auf der einen Seite soll am Grabe eine Predigt gehalten werden, auf der anderen Seite soll aber gerade nicht die Tradition der römischen Laudatio funebris fortgesetzt werde. So schreibt z. B. die Württembergische Kirchenordnung des Jahres 1553 vor, am Grab »vom Tod, der Auferstehung und dergleichen Argumente« zu sprechen, also gerade nicht von der Person des Toten. Allerdings wurde bei der Auswahl der Texte Wert darauf gelegt, daß sie für den einzelnen Todesfall auch passen. Auf diese Weise kommt wiederum die Person des Verstorbenen ins Spiel. De facto, das zeigen viele überlieferte Predigten, lebt die Tradition der Laudatio Funebris weiter. Es wurde innerhalb der reformatorischen Kirchen immer an den Gräbern über die Toten gesprochen. Allerdings war dies – wie gesagt – zu keiner Zeit unumstritten. Von Anfang an wurde vor der Gefahr von »Lügenreden«

gewarnt. Der pietätvolle Grundsatz »De mortuis nihil nisi bene« wurde de facto unter der Hand zur bürgerlichen Ehrenpreisung, der vorgetragene Lebenslauf zum integrierenden Bestandteil der Bestattungsrede. Dies ist in den Grundlinien bis auf den heutigen Tag so geblieben.

II.

Unter *systematisch-theologischen* Gesichtspunkten spitzt sich die Problematik des biographischen Anteils an einer Bestattungspredigt in der Frage zu: Widerspricht die Aufnahme biographischer Momente in die Bestattungspredigt dem Auftrag evangelischer Predigt oder nicht?
Diese Frage konnte in dieser Pointierung wohl erst in unserem Jahrhundert gestellt werden. Erst die Traditionslinie, die von der sogenannten Dialektischen Theologie ausgegangen ist, hat die Problematik derart zugespitzt. So finden sich im Umfeld der Dialektischen Theologie nicht wenige Äußerungen, die zu diesem Problem äußerst prinzipiell und steil formulieren. So vertritt Heinrich Vogel im Jahre 1936 – also in einer sehr bestimmten kirchenpolitischen Situation – die These: »Die Botschaft von des Todes Tod ist die Botschaft von Jesus Christus. Allein diese Botschaft verkündigt die Hoffnung Gottes für uns und über uns. Als evangelische Prediger stehen wir in der Situation am Sarge als mit dieser Botschaft beauftrage Boten, die dem Nächsten am Sarge die Verkündigung dieser Botschaft schuldig sind.«[3] Ähnlich heißt es bei Götz Harbsmeier im Jahre 1948: »Beerdigung im christlichen Sinn ist nichts anderes als Wortverkündigung aus Anlaß des Todes eines Gliedes der Gemeinde. Eine andere Funk-

3 Heinrich Vogel, Gottes Hoffnung am Sarge, Dresden/Leipzig [2]1936, S. 17.

tion als diese hat der Pfarrer auch bei der Beerdigung nicht.«[4]

Der Tod eines Menschen ist hier der *Anlaß* der Verkündigung – mehr nicht. Deshalb lautet die Forderung: keine Biographie, nichts, was als Würdigung des Toten verstanden werden kann, sondern Kerygma.

Dieser homiletischen Konzeption der Bestattungspredigt wurde seit Mitte der 60er-Jahre zunehmend die These von der Chance des Anknüpfens an die Biographie der Verstorbenen bei der Bestattung entgegengehalten. Gerade der Kirche Fernstehende könnten dort angesprochen werden. Dies aber erfordert ein theologisch reflektiertes Eingehen auf die Biographie der Toten, indem in dieser Anknüpfung deutlich gemacht wird, was Evangelium meint.

Diese Kontroverse besteht noch heute. Sie wurde zugespitzt durch einen vehementen Angriff Rudolf Bohrens auf die kirchliche Kasualpraxis insgesamt. Bohren führt vor allem zwei Argumente gegen die herrschende Kasualpraxis an (und er hat dabei vor allem die Bestattungspraxis im Blick).

Zum einen vermutet er dahinter das Interesse an einer Selbsterhaltung des »religiösen Konsumbetriebs« Volkskirche. Bohren formuliert dabei so ironisch wie polemisch:

»Ist unsere Kasualpraxis ein Stück Zion, dann erfüllt sich hier das Prophetenwort, daß die Heiden nach Zion strömen. Anläßlich von Taufe, Konfirmation, Trauung und Beerdigung falten stiernackige Teutonen die Hände und spindeldürre Agnostiker beten mit uns. Ob dabei die Maiglöcklein blühen oder die Chrysanthemen, in unseren Kasualien geschieht das Wunder: die Welt bedarf der Kirche, läßt sich kirchlich behandeln, kirchlich bedienen. Der als areligiös qualifizierte moderne

4 Götz Harbsmeier, Was wir an den Gräbern sagen, in: Glaube und Geschichte. Festschrift für Friedrich Gogarten, Gießen 1948, S. 83–109; zit. Stelle S. 98.

Mensch sucht angesichts der Ereignisse von Geburt, Mannbarkeit, Hochzeit und Tod den christlichen Religionsdiener auf. Und darum werfen die Kasualien immer wieder viel Glanz ins Pfarrerleben! Das Amt strahlt im schönsten Licht und der Mann hat Gelegenheit, sein Charisma, sei es seelsorgerlich, sei es evangelistisch, zu entfalten. Sollten wir da nicht das Jagdhorn blasen und munter, die Flinte im Anschlag, in die unerschöpflichen Jagdgründe unserer Gemeinden zurückkehren, damit aufgehe über uns der schöne Schein des Amtes? Bildet unsere Kasualpraxis eine missionarische Gelegenheit, dann müssen wir erklären, daß sie eine Gelegenheit Nummer 1 bilde, und wir können nur eins tun: scharfe Munition fassen und Zielübungen machen.«[5]

Es ist deutlich, daß sich hinter Bohrens bitterer und wohl auch verzweifelter Ironie eine These verbirgt. Die These nämlich, daß der ganze Kasualbetrieb nichts anderes sei als eine große, in sich leer laufende, tote Maschinerie des religiösen Konsumbetriebes »Volkskirche«. Bohren rät denn auch zur Kasualabstinenz und zur Hinwendung zu kleinen überschaubaren Gruppen, in denen dann ganz neue Formen liturgischen Handelns zu entwickeln wären.

Bohrens zweites Argument gegen die herkömmliche Bestattungspredigt besteht in der These, daß bei der Bestattung die *Situation* alle noch so gut gemeinte »Botschaft« in Beschlag nimmt und überschattet. Der ganze Ritus der Bestattung läuft nach Bohren darauf hinaus, den Mitgliedern einer durch und durch verbürgerlichten Gesellschaft angesichts der In-Frage-Stellung durch den Tod dennoch ein gutes Gefühl zu vermitteln, und sei es – wie es Thurneysen einmal ausgedrückt hat – ein »gehobenes religiöses Gefühl«. Dem hält Bohren entgegen: »Wir sind nicht nur für unser Wort, sondern auch für unsere Handlungen verantwortlich und ich meine – ob wir es nun auf die liberale oder orthodoxe Tour machen –, es

5 Rudolf Bohren, Unsere Kasualpraxis – eine missionarische Gelegenheit?, München [5]1979, S. 13 f.

kommt, trotz nicht hoch genug zu preisender Ausnahmen, die die Regel betätigen, dazu, daß in unserer Kasualpraxis Gottes Ehre geschändet, sein Name entheiligt und der Christus zum Baal gemacht wird.«[6]

Allein es bleibt zu fragen, ob die hinter dieser Kontroverse stehende Grundentscheidung theologisch wirklich überzeugend ist: Kerygma gegen Situation, Kerygma gegen biographischen Anteil, Kerygma gegen Ritual? Hinter diesen Entgegensetzungen steht die theologische Position der frühen Dialektischen Theologie, die in ihrem theologiegeschichtlichen Kontext ihr unbezweifelbares Recht hatte, jetzt aber quasi zu einem zeitlosen Prinzip gemacht wird. »Kerygma« wird zu einer theologisch überhöhten Kunstfigur, die so weder theologisch zu begründen noch überhaupt empirisch vorzufinden ist. Letztlich ist dieses Verständnis eines »reinen« Wortes – wenn überhaupt – eher philosophisch denn biblisch begründet. Karl Barth selbst hat denn auch das diastatische Denken seiner Frühzeit immer mehr korrigiert in Richtung auf die Rede vom menschenfreundlichen Gott, der sich auf die Welt des Menschen einläßt.
Die biblischen Texte selbst sind gerade nicht »reines« Kerygma, sondern höchst situationsbezogene, höchst biographiebezogene Zeitansage. Sie bringen Gott als einen in eine lebendige Geschichte verstrickten Gott zur Sprache. Nicht zufällig ist der Ursprung biblischer Gottesrede der Gott *Abrahams*, der Gott *Isaaks*, der Gott *Jakobs*. Also ein Gott, der in unverwechselbare individuelle Lebensgeschichte verstrickt ist. Nicht von ungefähr trägt dieser Gott sogar den Namen der Menschen, deren Biographie er begleitet. Der Gedanke eines »reinen« Kerygmas verrät gerade die Konkretheit biblischer Gottesrede.

6 A.a.O., S. 20.

Dieser Zusammenhang bestimmt auch die Struktur der biblischen Bekenntnistexte. Das »Kleine Geschichtliche Credo« in Deuteronomium 26,5–10 zeigt dies besonders deutlich:

»Mein Vater war ein Aramäer, dem Umkommen nahe, und zog hinab nach Ägypten und war dort ein Fremdling mit wenig Leuten und wurde dort ein großes starkes Volk. Aber die Ägypter behandelten uns schlecht und legten uns einen harten Dienst auf. Da schrien wir zu dem Herrn, dem Gott unserer Väter. Und der Herr erhörte unser Schreien und sah unser Elend, unsere Angst und Not und führte uns aus Ägypten mit mächtiger Hand und ausgestrecktem Arm und mit großem Schrecken, durch Zeichen und Wunder, und brachte uns an diese Stätte und gab uns dies Land, darin Milch und Honig fließt. Nun bringe ich die Erstlinge der Früchte des Landes, das du, Herr, mir gegeben hast.«

Charakteristisch ist für dieses zentrale Traditionsstück alttestamentlicher Theologie der Wechsel vom ›Ich‹ zum ›Wir‹ und wiederum hin um ›Ich‹: »*Mein* Vater… und führte *uns* aus Ägypten… und brachte *uns* an diese Stätte… Nun bringe *ich* die Erstlinge der Früchte.« Individuelle Lebensgeschichte ist hier aufs engste verwoben mit der kollektiven Geschichte eines Volkes mit seinem Gott. Das Medium dieser Vermittlung ist das erinnernde Bekenntnis, das in den natürlichen und kulturellen Lebenszyklus der Nachgeborenen eingebettet ist. Zugespitzt könnte man in unserem Zusammenhang sagen: Das Kerygma der Hebräischen Bibel ist durch und durch biographisch und kasual geprägt.

Eine verblüffende strukturelle Parallele zum Kleinen Geschichtlichen Credo findet sich in der Argumentation des Paulus, wie er sie in 1. Korinther 15,3–8 verfolgt:

»Denn als erstes habe ich euch weitergegeben, was ich auch empfangen habe: Daß Christus gestorben ist für unsere Sünden nach der Schrift; und daß er begraben worden ist, und daß er auferstanden ist am dritten Tage nach der Schrift; und daß er gesehen worden ist von Kephas, danach von den Zwölfen. Danach ist er gesehen worden von mehr als fünfhundert Brüdern auf einmal, von denen die meisten noch heute leben, einige aber sind entschlafen. Danach ist er gesehen worden von Jakobus, danach von allen Aposteln. Zuletzt von allen ist er auch von mir als einer unzeitigen Geburt gesehen worden.«

Die formgeschichtliche Analyse zeigt, daß Paulus an dieser Stelle vorgefundenes Traditionsgut, das bereits in eine feststehende sprachliche Form gegossen war, kunstvoll in seine eigene Argumentation eingewoben hat. Dieses paulinische Arrangement findet seine Pointe im Wechsel vom »Ich« zur kollektiven Vorgeschichte (»*ich* habe euch gegeben, was *ich* auch empfangen habe«) und schließlich wider im Zurückschwenken auf das Ich des Paulus (»Zuletzt von allen ist er von *mir* gesehen worden«).

Dies heißt: Die Geschichte Gottes ist stets eine Geschichte mit konkreten, individuellen Menschen. Diese individuelle Lebensgeschichte ist ihrerseits in die Gottesgeschichte verschlungen. Gottesgeschichte und menschliche Lebensgeschichte sind also kein Gegensatz, sondern bestimmen sowohl das biblische Gottesbild wie das Menschenbild entscheidend. Kerygma hat also immer auch einen biographischen Anteil. Was heißt dies nun aber konkret für unsere Fragestellung nach der Bestattungspredigt? Mit dieser Frage ist die praktisch-theologische Dimension des Problems angesprochen.

III.

Praktisch-Theologisch stellt uns die Frage nach dem biographischen Anteil an der Bestattungspredigt vor allem vor zwei Problemhorizonte. Zum ersten: Wie ist die Situation beschaffen, in der wir in der multikulturellen Gesellschaft der Bundesrepublik Deutschland Menschen bestatten? Zum anderen: Wie konkretisiert sich homiletisch der biographische Bezug der Bestattungspredigt?

Zum ersten Problemkreis: Es ist ganz unübersehbar, daß die Erwartungshaltung an die Person des Predigers oder der Predigerin bei Bestattungen sehr groß ist. Die hohe Kompetenz der Kirche ist hier auch bei der Kirche Fernstehenden unstrittig. Die beiden großen, von der EKD in Auftrag gegebenen empirischen Untersuchungen haben dies eindeutig erwiesen.[7] Zugleich ist zu beobachten, daß gegenwärtig die Vertrautheit mit den Grundzügen der biblischen Botschaft und der kirchlichen Lehre immer mehr abnimmt. Das heißt, immer mehr Menschen, die vom Evangelium nur noch wenig wissen, empfinden dennoch die pastorale Tätigkeit bei der Bestattung als sinnvoll.

Welche Aufgabe ergibt sich daraus für die Bestattungspredigt? Ich denke, daß ein reformatorisches Verkündigungsverständnis nicht darauf verzichten kann, daß auch am Grabe das Evangelium verkündigt wird. Und genau an dieser Stelle beginnen die Probleme. Verkündigung heißt ja nicht: Aufsagen von Lehrinhalten, so sehr jede Predigt auch hinsichtlich der Lehre korrekt sein muß. Vielmehr ist von der Verkündigung – nicht zuletzt der Verkündigung anläßlich einer Bestattung – gefordert, daß sie die Menschen in ihrem Herzen anrührt. Dabei können wir immer weniger auf Bibelwissen und dogmatisches Vorwissen aufbauen. Wie anders aber können dann Menschen angerührt werden, als daß wir versuchen, an ihrer konkreten Biographie deutlich zu machen, wie Gott an den Menschen handelt, was er uns schenkt und was er von uns will? Biographische Verkündigung entspringt also neben den oben geschilderten systematisch-theologischen Gründen

---

7 Vgl. dazu Helmut Hild (Hg.), Wie stabil ist die Kirche?, Gelnhausen/ Berlin 1974; Johannes Hanselmann u. a. (Hg.), Was wird aus der Kirche?, Gütersloh 1984.

auch aus einer praktisch-theologischen Nötigung, die aus der gegenwärtigen volkskirchlichen Situation in der multikulturellen Gesellschaft resultiert. Viele Menschen, die zur Kirche – wenn überhaupt – nur eine lockere Verbindung haben, empfinden sich subjektiv ehrlich durchaus als »religiös«. Gelebte Religion und Kirchlichkeit gehen heute nicht mehr bruchlos auf. Dieses Faktum gilt es gerade bei der Bestattungspredigt sehr ernst zu nehmen.

Was heißt dies für die konkrete Gestaltung der Bestattungspredigt? Wie wird biographisch vermittelte Verkündigung konkret? Dazu seien vier Gesichtspunkte genannt.[8]

1. Der Personenbezug als Dank und Klage über ein menschliches Leben: Einer der Haupteinwände gegen den biographischen Anteil an der Bestattungspredigt besteht darin und dies sicher nicht ganz zu Unrecht, daß sehr oft ein falsches Rühmen des Verstorbenen stattfindet. Meistens tut man damit auch dem Verstorbenen keine Ehre, wenn jeder weiß, daß das, was dort gesagt wird, so gar nicht stimmt. Dennoch kann über den Verlauf eines Lebens geredet werden. Über die geglückten Momente, für die zu danken ist, aber auch die Dinge, die vor Gott zu beklagen sind. Wir sollten gerade neben dem Dank auch der Klage bei der Bestattungspredigt wieder zu ihrem Recht verhelfen. Das Lied Davids auf Abner beklagt diesen so nicht verdienten Tod vor Gott. Die Formel »Es hat Gott gefallen« trifft nicht auf jeden Tod und nicht auf jedes Leben zu. Theologisch-homiletische Zurückhaltung gegenüber dieser Formel kann sich auch auf das biblische Menschenbild berufen. Der Gott der Bibel hat die Menschen zu

---

8 Ich beziehe mich dabei auf Überlegungen von Hans-Hinrich Jenssen, die ich in einigen Punkten jedoch modifziere und erweitere. Vgl. dazu Hans-Hinrich Jenssen, Die kirchlichen Handlungen, in: Handbuch der Praktischen Theologie, Zweiter Band, Berlin [2]1979, bes. S. 179–189.

seinen Partnern geschaffen, d. h. er wünscht ihnen ein gelingendes Leben. Wo Leben mißlingt, kann dies klagend vor Gott gebracht werden, ohne damit mißlungenes Leben schlecht zu machen. Die Klage vertraut auch die dunklen Seiten unseres Lebens Gott an.

2. Der Personenbezug als Erinnerung daran, daß nicht wir Menschen, sondern Gott das letzte Wort über unser Leben spricht: Wir kommen in Bestattungspredigten gar nicht umhin, Urteile – schärfer gesprochen: Werturteile – über ein menschliches Leben auszusprechen. Die oft gebrauchte, so harmlos klingende Formel »Es war dem Verstorbenen leider nicht gegeben, daß… « enthält eine sehr weitreichende Wertung. Gerade dort, wo wir konkret über ein Leben reden, müssen wir werten. Die Bestattungspredigt muß aber zugleich daran erinnern, daß unsere Wertungen nicht das letzte Wort sind. Formeln wie »Soweit wir zu sehen vermögen… « oder »Nach unserem menschlichem Ermessen dürfen wir wohl sagen… « können hier hilfreich sein. Zugleich müßte aber die Predigt auch zeigen, wie Gott menschliche Urteile immer schon überholt und in Frage stellt. Ich denke, daß dies für viele Trauernde – und Trauer hat auch sehr viel mit aufkommenden Schuldgefühlen zu tun – entlastend und somit durchaus »Evangelium« sein kann. Schuld wird damit nicht banalisiert, sondern an den Ort verwiesen, der ihr zukommt – vor Gott.

3. Personenbezug als Erinnerung daran, daß jeder Mensch ein unverwechselbares und geliebtes Geschöpf Gottes ist: Menschliche Beziehungen gestalten sich heute in vielen Bereichen als reine Zweck-Mittel-Relation. Die Berufstätigkeit ist in weiten Bereichen so strukturiert. Aber auch viele private Beziehungen bauen sich heute so auf. Man sollte dies nicht mit erhobenem Zeigefinger moralisierend beklagen, schon deshalb nicht, weil wohl keiner von uns davon ganz frei ist. Wohl aber kann die Bestattungspredigt der Ort sein, wo daran erinnert wird, daß ein menschliches Leben nicht nach einer Kosten-Verlust-Rechnung bewertet werden kann. Daß wir von Gott geliebt sind, ist der Basis-Satz biblischer Anthropologie. Dies bedeutet zugleich, daß wir Menschen immer mehr sind, als wir in unserem Leben verwirklichen können. Auch ein nach menschlichem Ermessen scheiterndes Leben ist kein verlorenes Leben. Dies an einem Grabe anzusprechen, kann bei vielen Menschen den Mut stärken, das zu tun, was sie vermögen, und nicht abstrakten und damit überfordernden Idealen nachzujagen.

4. *Personenbezug als Frage nach dem Sinn des Lebens:* Angesichts der Erfahrung des Todes bricht bei den meisten Menschen die Sinnfrage auf. Gerade hier wird von der Person des Pfarrers und der Pfarrerin Hilfestellung erwartet, wobei uns hier eine gewisse Zurückhaltung auferlegt ist. Es ist m.E. nicht möglich, am Grabe über den Sinn des Lebens dieses verstorbenen Menschen zu meditieren. Wir würden uns damit an die Stelle Gottes setzen. Wohl aber kann gesagt werden, welche Impulse andere Menschen von dem verstorbenen Menschen erfahren haben, welchen Sinn er ihrem Leben gegeben hat. Dabei stoßen wir an dieser Stelle allerdings auf ein Grundproblem aller Kasualrede. In vielen Fällen wissen wir über den Verstorbenen nur aus den Berichten der Angehörigen. Daß hier größte Vorsicht angezeigt ist, dürfte deutlich sein. Wo wir aber aus begründeter Erkenntnis wissen, was der verstorbene Mensch auf andere Menschen ausgestrahlt hat, können wir durchaus darüber reden, wie Sinn in menschlichen Beziehungen entsteht, wie aus Erfahrungen zwischen Menschen neue Perspektiven erwachsen, und wie – und dies nicht zuletzt – Gott selbst wünscht, daß die Beziehungen zwischen Menschen gelingen.

IV.

Die Bestattungspredigt in der multikulturellen Gesellschaft wird stets in einer Spannung stehen zwischen äußerlicher Fassade und leerem Zeremoniell auf der einen Seite und andererseits der Chance, so über das menschliche Leben zu reden, daß dieses Reden das Herz der Menschen anrührt, ein durch den Tod abgeschlossenes irdisches Leben in seiner Wahrheit benennt, und gerade in dieser Wahrheit denen, die leben, weiterhilft. Dieser Spannung werden wir nicht entrinnen können. Auch nicht der beste Prediger, die beste Predigerin. Vielleicht besteht unsere Treue gerade darin, diese Spannung auszuhalten. Ich finde diese Spannung artikuliert in zwei Gedichten Kurt Martis. Das erste Gedicht thematisiert die dunkle Seite unserer Kasualpraxis, während das zweite Gedicht die Chancen biographiebezogener Bestattungspredigt benennt. Das erste Gedicht lautet:

»Die Glocken dröhnen ihren vollsten Ton
und Photographen stehen knipsend krumm.
Es braust der Hochzeitsmarsch von Mendelssohn.
Ein Pfarrer kommt. Mit ihm das Christentum.

Im Dome knien die Damen schulternackt,
noch im Gebet kokett und photogen,
indes die Herren, konjunkturbefrackt,
diskret nach ihren Armbanduhren sehn.

Sanft wie im Kino surrt die Liturgie
zum Fest von Kapital und Eleganz.
Nur einer flüstert leise: Blasphemie!
Der Herr. Allein, ihn überhört man ganz.«[9]

Das zweite Gedicht ist sicher eines der bekanntesten von Kurt Marti. In ihm zeigt sich eindrücklich, daß Kerygma und Bio-

---

9 Zit. n. Bohren, a. a. O., S. 20f.

graphie sich nicht ausschließen, sondern daß sie fähig sind,
sich gegenseitig zu interpretieren:

»dem herrn unserem gott
hat es ganz und gar nicht gefallen
daß gustav e. lips
durch eine verkehrsunfall starb

erstens war er zu jung
zweitens seiner frau ein zärtlicher mann
drittens zwei kindern ein lustiger vater
viertens den freunden ein guter freund
fünftens erfüllt von vielen ideen

was soll jetzt ohne ihn werden?
was ist seine frau ohne ihn
wer spielt mit den kindern?
wer ersetzt einen freund?
wer hat die neuen ideen?

dem herrn unserem gott
hat es ganz und gar nicht gefallen
daß einige von euch dachten
es habe ihm solches gefallen

im namen dessen der tote erweckte
im namen des toten der auferstand:
wir protestieren gegen den tod von gustav e. lips.«[10]

10 Kurt Marti, Leichenreden, Darmstadt/Neuwied [3]1979, S. 23.

Die Herausforderung der Ästhetik der kulturellen Moderne für Theologie und Kirche

Was wir die »Moderne« nennen, worin ihre Intentionen und Innovationen, ihre Leidenschaften wie ihre Friktionen bestehen, dies läßt sich am besten in der ästhetischen Dimension erkennen. Die Signatur der Moderne läßt sich mehr noch als etwa an den Entwicklungen der Technik und der Ökonomie an den Tendenzen der Kunst sichtbar machen. Ebenso wird sich der Stellenwert, den die Religion in der Kultur der Moderne einnimmt, mit am Verhältnis von Kunst und Religion entscheiden.

Damit begeben wir uns jedoch auf ein hochexplosives Minenfeld. Kaum eine Problemkonstellation ist derart konfliktuös wie das Verhältnis zwischen Kunst und Religion. Entfremdungen und Friktionen, Verletzungen und Obsessionen sind auf beiden Seiten zu beobachten, auf Seiten der Künstlerinnen und Künstler wie auf Seiten von Theologie und Kirche. Dieser Tatbestand ist nicht vom Himmel gefallen, er ist auch nicht naturwüchsig oder gar ontologisch, sondern hat klar erkennbare historische Gründe. Deshalb soll in einem ersten Schritt, das Konfliktpotential, das sich zwischen Kunst auf der einen und Theologie und Kirche auf der anderen Seite herausgebildet hat, historisch erhellt werden. Sodann soll nach den Konsequenzen dieses geschichtlichen Rückblicks für unsere gegenwärtige Situation, die als die einer beginnenden multikulturellen Gesellschaft zu charakterisieren ist, gefragt werden. Abschießend werden die bis dahin entwickelten Thesen in drei Punkten zu konkretisiert.

I.

Das Verhältnis von Kunst und Religion hat sich im Laufe der Geschichte entscheidend gewandelt. Der Wandel dieser Beziehung geht meist einher mit einem Umbruch des gesamten kulturellen Klimas einer bestimmten Epoche. Insofern bekommen wir über den Blick auf das jeweilige Verhältnis von Kunst und Religion stets auch einen Einblick in die Kultur einer Epoche insgesamt. Es lassen sich im Kontext der abendländischen Kultur idealtypisch vier Modelle einer Zuordnung von Kunst und Religion erkennen. Zugleich signalisiert der Begriff des Modells, daß es sich dabei aus Gründen der Profilierung um eine idealtypische Zuspitzung handelt, die in der geschichtlichen Realität immer gestreuter, weniger profiliert sich ausgebildet hat, sich aber zugleich durchaus konkrete Phänomene benennen lassen, die diese idealtypische Zeichnung historisch zu fundieren vermögen. Diese vier Modelle einer Zuordnung von Kunst und Religion lassen sich wie folgt charakterisieren:

1. Das Modell der Harmonie zwischen Kunst und Religion
2. Das Modell der Indienstnahme der Kunst durch die Religion
3. Das Modell der Emanzipation der Kunst von der Religion
4. Das Modell der Usurpation der Religion durch die Kunst

Das Modell der Harmonie zwischen Kunst und Religion findet sich bei Jacob Burckhardt profiliert formuliert. Von ihm stammt der Satz, »daß alles Dichten und aller Geist einst im Dienste des Heiligen gewesen und durch den Tempel hindurchgegangen sei«[1]. Dabei verweist bereits die syntaktische Konstruktion, die Burckhardt vornehmen muß, auf das sich

1 Jacob Burckhardt, Weltgeschichtliche Betrachtungen, Darmstadt 1970, S. 77.

dahinter verbergende Problem. Burckhardt spricht davon, daß die Kunst durch den Tempel hindurchgegangen sei. Es ist ein Satz, der aus dem historischen Rückblick resultiert. Burckhardt kann nicht davon sprechen, daß die Kunst im Tempel angesiedelt sei. So finden wir denn auch für das Modell der Harmonie zwischen Kunst und Religion kaum geschichtliche Belege. Wenn es denn diese Harmonie je gegeben hat, sind ihre geschichtlichen Konkretionen dem Vergehen und Vergessen anheimgefallen. Gleichwohl existiert die These von einer solchen ursprünglichen Harmonie zwischen Kunst und Religion, und als These oder Postulat ist die behauptete Harmonie zwischen Kunst und Religion in der Tat geschichtsmächtig geworden bis in unsere Gegenwart hinein. Dabei wurde diese Harmonie entweder als Ziel, das es zu erreichen gilt, oder als Gefahr, die es zu meiden gilt, begriffen.

Wenn wir bei Novalis den Satz lesen, daß alle echte Poesie Religion sei und somit die rechte Religionslehre nichts anderes als wissenschaftliche Poesie zu sein habe[2], so haben wir in dieser These ein präzises historisches Dokument für die Wirksamkeit des Harmoniemodells. Allerdings ist unübersehbar, daß Novalis diese Harmonie nur als romantische Sehnsucht formulieren und nicht als bestehende oder auch nur vergangene Realität kennzeichnen kann.

So dringlich auf der einen Seite diese Harmonie zwischen Kunst und Religion herbeigesehnt wird, so sehr sind auf der anderen Seite Versuche zu erkennen, die Kunst aus dem Kontext der Religion zu lösen und sie in einen anderen Bezugsrahmen zu transponieren. Dabei ist es so überraschend wie kennzeichnend, daß diese Versuche keineswegs erst im Kontext

---

2 Vgl. dazu auch Rudolf Bohren, Novalis: Verheißung und Versuchung der Romantik; in: Ders., Geist und Gericht. Arbeiten zur Praktischen Theologie, Neukirchen-Vluyn 1979, S. 169–180.

der kulturellen Moderne ihren Ursprung haben, sondern bereits bei Plato und Aristoteles zu beobachten sind.[3]

Wohl geht Plato davon aus, daß die Kunst ursprünglich dem religiösen Seher zugeordnet sei. Gerade diese Zuordnung rückt jedoch für Plato die Kunst in ein problematisches Licht. Sie ist ihm willkürlich und a-logisch, das heißt ohne den logos, der erst das friedliche Zusammenleben von Menschen ermöglicht. Deshalb wollte Plato die Kunst aus dem Bereich der Polis ausschließen. Der erste große Theoretiker der Kunst war pointiert kunstfeindlich, gerade weil er von der Herkunft der Kunst aus dem Tempel wußte.

Aristoteles nimmt die Problemstellung des Plato auf, bei ihm bahnt sich jedoch eine andere Weichenstellung für eine Problemlösung an. Redete Plato einer Verbannung der Kunst aus der Polis das Wort, so setzt sich Aristoteles für ein Programm der Integration durch Zähmung ein. Die Philosophie wird nun diejenige Wissenschaft, die über Leistung und Grenzen der Kunst entscheidet. Das Lehrbuch der »Poetik« des Aristoteles, das die abendländische ästhetische Diskussion bis auf den heutigen Tag entscheidend geprägt hat, ist auch ein Dokument der Zähmung und Begrenzung der Kunst. Es ist der Philosoph, der der Kunst sagt, was sie zu tun und zu lassen hat. War die Kunst einst im Tempel zu Haus, so ist sie nun in das System der Philosophie eingeschlossen. Die Harmonie zwischen Kunst und Religion war schon zu Ende, bevor die abendländische Kunst und Ästhetik ihre entscheidenden Leistungen vollbrachte.

Die philosophische Zähmung der Kunst durch Aristoteles hat die entscheidende Vorarbeit geleistet für das Modell der *In-*

---

3 Vgl. dazu auch die instruktive Darstellung bei Heinz Schlaffer, Poesie und Wissen. Die Entstehung des ästhetischen Bewußtseins und der philologischen Erkenntnis, Frankfurt 1990, bes. S. 11–88.

dienstnahme der Kunst durch Theologie und Kirche. Dieses Modell war im Mittelalter dominierend, und in seinem Horizont entstanden die großartigsten Kunstwerke. Die Indienstnahme der Kunst durch Theologie und Kirche war für die künstlerische Praxis offensichtlich nicht hemmend oder gar zerstörerisch, sondern im Gegenteil stellte dieses Modell ein Reservoir an praktischen, ökonomischen und theoretischen Ressourcen dar, die die Basis für eine Vielfalt künstlerischer Entfaltung waren.[4]

Als der große Theoretiker dieses Modells der Indienstnahme der Kunst durch Kirche und Theologie kann Thomas von Aquin gelten. Zentraler Leitsatz der mittelalterlichen Ästhetik ist der Satz: Ars imitatur naturam (Die Kunst ahmt die Natur nach). Mit diesem Leitsatz ist die künstlerische Tätigkeit zugleich auch theologisch qualifiziert. Der Künstler hat seinen Blick auf die Schöpfungsordnung zu richten, denn »Natur« ist im Mittelalter identisch mit »Schöpfung«. Der künstlerischen Tätigkeit geht die Tätigkeit des Schöpfungskünstlers Gott voraus. Wie Gott als artifex (Künstler) die Natur geschaffen hat, so bildet der Künstler in seinem Werk dieses Werk der Natur als Werk Gottes nach. Insofern ist jede rechte künstlerische Tätigkeit theologisch qualifiziert. Kunst hat der Verkündigung der Kirche, der Verherrlichung des Schöpfergottes zu dienen. Kunstpraktisch hat diese theologische Qualifikation ihren Ausdruck darin gefunden, daß die Künstler des Mittelalter zunftmäßig organisiert waren und darin auch ihre ökonomische Basis hatten. Der Künstler war der Handwerker, der den Inhalten, die die Theologie setzte, ihren ästhetischen Ausdruck verlieh.

---

4 Vgl. dazu die umfassende Darstellung von George Duby, Die Zeit der Kathedralen. Kunst und Gesellschaft 980–1420, Frankfurt 1980.

Dieses Modell zerbrach am Ende des Hochmittelalters, und die Renaissance setzte dann kraftvoll ihr *Modell der Emanzipation der Kunst von der Religion* entgegen, ein Modell, das das künstlerische Selbstverständnis bis in unsere Tage hinein entscheidend geprägt hat. Dieser Vorgang ist nicht als eine abrupte Zäsur zu denken, sondern vollzog sich eher sanft, in einzelnen Schritten. Jedoch stand spätestens 250 Jahre nach Thomas von Aquin der Renaissance-Künstlers mit seinem ›modernen‹ Bewußtsein in voller Kraft und Blüte auf der Bühne der Kunst.[5] Zwar kann ein Leonardo da Vinci davon sprechen, daß die Kunst eine »Enkelin der Natur« und »mit Gott verwandt« sei[6], jedoch ist aus der Kunst nun eine sehr streitbare Enkelin und Verwandte Gottes geworden. Spricht Dante noch davon, daß die Kunst eine »Enkelin Gottes« sei, die auf die Natur als seine Schöpfung blicke, so wird die Natur nun zunehmend zum Material, das der Künstler souverän und autonom gestaltet. Der Künstler wird zum Konkurrent des Schöpfergottes, der diesem gleichrangig an die Seite tritt. Der Künstler tritt in das Gespräch nicht mehr mit Gott, sondern mit der Natur ein. Er »disputiert« und »wetteifert« mit ihr; er erschafft in seinem Werk eine »zweite Natur«.[7] Das enorme Selbstbewußtsein des Renaissance-Künstlers wird spätestens in dem Augenblick deutlich, in dem Leonardo davon spricht, daß der Künstler die erste Natur des Schöpfergottes vollende, indem er sie verbessere. Ist die erste Natur fehlerhaft und begrenzt, so kann der Künstler »unendlich viel mehr Erscheinungen« und wohl auch gelungenere hervor-

---

5 Vgl. dazu die noch immer lesenswerte klassische Untersuchung von Jacob Burckhardt, Die Kultur der Renaissance in Italien, Stuttgart [13]1922; sowie die neuere Untersuchung von Peter Burke, Die Renaissance in Italien. Sozialgeschichte einer Kultur zwischen Tradition und Erfindung, Berlin 1984.
6 Leonardo da Vinci, Philosophische Tagebücher, Hamburg 1958, S. 83.
7 Vgl. dazu a. a. O., S. 87.

bringen als die Natur selbst.[8] Dieses neue revolutionäre Selbstbewußtsein der Künstler kommt in dem zum Topos gewordenen Satz des Giulio Cesare Scaliger zur Geltung, daß der Künstler die Wirklichkeit erschaffe wie ein »alter deus« (ein zweiter Gott).[9] Spätestens mit diesem Satz ist das Modell der Indienstnahme der Kunst durch Theologie und Kirche endgültig überwunden und an dessen Stelle tritt der moderne autonome Künstler, der sein Kunstwerk aus eigener Kraft und in eigener Verantwortung gestaltet.

Diese Entwicklung findet dann ihre Zuspitzung im Verlauf des 19. Jahrhunderts dadurch, daß an die Stelle der Befreiung der Kunst von der Religion das *Modell der Usurpation der Religion durch die Kunst* tritt. Dieses Modell hat seine kulturelle Grundierung darin, daß im Verlauf des 19. Jahrhunderts auf der einen Seite die gesellschaftlichen Strukturen immer komplizierter und differenzierter werden und auf der anderen Seite die alten religiösen Deutungssysteme immer mehr an Plausibilität verlieren. Einem forcierten Bedarf an Sinnerfüllung steht ein ebenso forcierter Plausbibilitätsverlust der überkommenen religiösen Deutungsmuster gegenüber. In die dadurch entstehende Lücke rückt die Kunst ein. Ein instruktives Dokument für diese neue Funktion der Kunst ist die Streitschrift des David Friedrich Strauß mit dem Titel »Der alte und der neue Glaube«. Hier finden wir das Dogma der neuen Kunstreligion prägnant formuliert. Strauß spricht von der Kunst als einem »Ersatzmittel für die Kirche« und stellt fest: »Zwar hat die Kunst in allen ihren Zweigen den Beruf, die im Gewirre der Erscheinungen sich erhaltende, aus dem

8 Vgl. dazu a. a. O., S. 83.
9 Vgl. zur weiten Verbreitung dieses Topos vom »alter deus« Erwin Panofsky, IDEA. Ein Beitrag zur Begriffsgeschichte der älteren Kunsttheorie, Berlin [4]1982, S. 121 Anm. 303; sowie Ernst Kris / Otto Kurz, Die Legende vom Künstler. Ein geschichtlicher Versuch, Frankfurt 1980, S. 74–86.

Widerstreit der Kräfte sich wiederherstellende Harmonie des Universum, die uns im unendlichen Ganze unübersehbar ist, im beschränkten Rahmen uns anschauen oder doch ahnen zu lassen. Daher die innige Verbindung, worin wir von jeher bei allen Völkern die Kunst mit der Religion finden. Auch die großen Schöpfungen der bildenden Künste wirken in diesem Sinne religiös. Am unmittelbarsten jedoch dringen mit solcher Wirkung Poesie und Musik in unser Inneres ein… Ja freilich in dem Aether, worein unsre großen Dichter uns erheben, in dem Meere von Harmonie, das unsre großen Tonsetzer um uns ergießen, da sehen wir wie durch einen Zauber alle Flecken hinweggetilgt, die uns sonst mit aller Mühe nicht gelingen will, von uns abzuwaschen.«[10]

Wenn wir sehen, wie viele Menschen sich am Sonntagvormittag in Frankfurt, der – wenn man so will – multikulturellen Metropole Deutschlands, auf dem Museumsufer tummeln und wie wenige Menschen demgegenüber die Gottesdienste in dieser Stadt besuchen, dann scheinen die Sätze des David Friedrich Strauß auch noch heute einen (wie auch immer theologisch zu bewertenden) Aktualitätsgehalt zu besitzen. Kunstausstellungen gleichen gegenwärtig oft Orten, die wie auf einer Pilgerfahrt aufgesucht werden. Kunstobjekte werden mit einer Inbrunst betrachtet, wie dies in der Ostkirche nur den Ikonen vorbehalten ist. In dieser Hinsicht scheint das Modell der Ersetzung der Religion durch die Kunst noch nicht an sein Ende gekommen.

10 David Friedrich Strauß, Der alte und der neue Glaube. Ein Bekenntnis, Bonn [16]1904, S. 85 und 106.

II.

Meine These ist nun, daß keines dieser vier idealtypisch rekonstruierten Modelle dazu geeignet ist, heute das Verhältnis von Kunst und Religion, Ästhetik und Theologie fruchtbar zu bestimmen. Ich möchte diesen Modellen ein fünftes entgegenstellen, daß ich als das *Modell einer Konstellation* charakterisieren möchte, die die *spannungsreiche Differenz* zwischen Kunst und Religion, Theologie und Ästhetik nicht zu überspielen oder aufzulösen versucht, sondern als Gewinn konstitutiv mit einbezieht. Dieses Modell geht davon aus, daß die neuzeitliche Ausdifferenzierung zwischen der künstlerischen und religiösen, zwischen der theologischen und ästhetischen Dimension nicht mehr rückgängig gemacht werden kann, aber auch – und dies noch mehr! – gar nicht mehr rückgängig gemacht werden soll. Die Kunst ist gerade deshalb für die Religion interessant, weil sie etwas *anderes* ist als Religion. Das Gleiche gilt für die Verhältnisbestimmung von Ästhetik und Theologie. Zwar ist es durchaus eine sinnvolle Aufgabe, eine theologische Ästhetik zu konzipieren, in dieser muß aber gerade die neuzeitliche Ästhetik in ihrer von Theologie und Kirche emanzipierten Form bewahrt werden.[11] Eine theologische Ästhetik muß heute deshalb etwas völlig anderes sein als die theologische Ästhetik etwa eines Thomas von Aquin.

Deshalb ist auch Skepsis angebracht gegenüber allen Versuchen, eine theologische Ästhetik dadurch zu begründen, daß in ihr die These von der religiösen Dimension der Kunst zum Integral wird. Dies muß sich nun in erster Linie gegen den Theologen richten, der sich wie kein anderer in unserem Jahr-

---

11 Vgl. dazu meine ersten Überlegungen in Albrecht Grözinger, Praktische Theologie und Ästhetik. Ein Beitrag zur Grundlegung der Praktischen Theologie, München ²1991, S. 131–134.

hundert um eine fruchtbare Einbeziehung der Kunst und Ästhetik in den theologischen Diskurs bemüht hat, nämlich
Paul Tillich.

Tillich geht bei seinen Überlegungen von der These aus, daß
die Religion wie die Kunst darauf aus sind, das Ganze einer
Gesellschaft zu durchdringen. Beide können sich nicht mit
einem Teilbereich zufrieden geben, sondern sind auf das
Ganze des jeweiligen Kulturzusammenhangs ausgerichtet.
Deshalb sieht Tillich dort, wo Kunst und Religion in einem
Spannungsverhältnis stehen, sowohl einen defizienten Modus von Religion wie auch einen defizienten Modus von
Kunst. Die neuzeitliche Ausdifferenzierung der religiösen
und künstlerischen Sphären haben sowohl die Religion wie
die Kunst in ihrem Innersten beschädigt, diese Ausdifferenzierung ist zu überholen durch eine Gesamtkultur, die Tillich
mit dem Begriff der theonomen Kultur kennzeichnet. Die
zentrale These Tillichs lautet in diesem Zusammenhang:
»Der tragende Gehalt der Kultur ist die Religion und die notwendige Form der Religion ist die Kultur.«[12]

Allein diese These Tillichs hat einen gravierenden Mangel. Sie
lässt sich nicht an den Objekten der Ästhetik der Moderne
selbst erhärten. Tillichs These ist ein Interpretament, das von
außen an die Kunstwerke herangetragen wird, sie in ihrer
eigenen ästhetischen Tendenz jedoch nicht zu Worte kommen läßt. Mit der These von der religiösen Grundierung der
Kultur und Kunst lassen sich die Grundzüge der Ästhetik der
Moderne nicht wirklich begreifen. Denn wo läßt sich dort
»Religion« als deren Substanz ausmachen? Wenn wir etwa an
James Joyce und seinen für die Ästhetik der Moderne richtungsweisenden Roman »Ulysses« denken, so können wir
dort zwar eine exakte Kenntnis und kritische Reflexion theo-

---

12 Paul Tillich, Die religiöse Substanz der Kultur, Gesammelte Werke, Band
IX, Stuttgart 1967, S. 42.

logischer Traditionen erkennen, die sich bis in die Sprach-
form hinein belegen lassen, von »Religion« als Substanz des
Romans zu sprechen fällt dennoch schwer. Geht es Joyce
doch darum, die moderne Lebenswelt in ihrer banalen Alltäg-
lichkeit, Trostlosigkeit, Heiterkeit, Ironie und labyrinthi-
schen Verschlungenheit darzustellen. Diese nackte Darstellung ohne jegliche interpretierenden Zusätze (Joyce hat die
Figur des allwissenden Erzählers ästhetisch weit hinter sich
gelassen) macht die sofort bei Erscheinen des Romans eintre-
tenden revolutionierende Wirkung aus. Ebensowenig läßt
sich m.E. in der Dramatik eines Samuel Beckett ein religiöser
Untergrund ausmachen. Das »Warten auf Godot« läßt sich
gerade nicht mit einem wie auch immer gearteten Warten auf
Gott verrechnen. Die Widerständigkeit der beiden Gestalten
des Estragon und Wladimir besteht eben in ihrem Warten.
Ein Dahinter gibt es dort nicht. Dies zeichnet gerade die
ästhetisch so eindringliche Leistung der Beckettschen Dramatik aus. Und der späte Picasso der Antibeser und Vallau-
riser Zeit gleicht in seiner Freude am Spiel der Farben und
Formen weit eher einem antiken Satyr als einen religiösen
Propheten.
Dabei darf andererseits nicht übersehen werden, daß gerade
in jüngster Zeit auch so etwas wie eine religiöse Renaissance
in der Kunst zu beobachten ist. Ich denke dabei etwa an Bo-
tho Strauß oder Peter Handke und vor allem an George Steiner[13]. Allein es wird abzuwarten sein, ob daraus wiederum
neue überzeugende ästhetische Kriterien und Kunstformen
erwachsen, die die der ästhetischen Moderne zu korrigieren
vermögen, oder ob es sich eher um einen Rückgriff hinter die
ästhetische Moderne handelt.
Gegenwärtig jedenfalls gerät man mit der Tillichschen These

13 Vgl. dazu George Steiner, Von realer Gegenwart. Hat unser Sprechen
Inhalt?, München 1990.

einer religiösen Grundierung der Kultur notwendigerweise in ein Dilemma. Entweder muß man die richtungsweisenden künstlerischen Werke des 20. Jahrhunderts als Objekte interpretieren, die letztendlich einem defizitären Leitbild von Kultur folgen, oder man muß die These einer sie kennzeichnenden religiösen Grundierung in einem interpretativen Gewaltakt von außen herantragen. Dabei hat Tillich natürlich nicht gemeint, daß in jedem einzelnen Kunstwerk direkt eine religiöse Tendenz zu erkennen sei. Nur, wenn die bahnbrechenden ästhetischen Objekte des 20. Jahrhunderts ohne »Religion« auskommen, welchen Sinn macht es dann, weiterhin von der Religion als Substanz der Kultur zu sprechen? Natürlich berührt jedes bedeutende Kunstwerk Fragehorizonte, die auch die Fragehorizonte von Religion und Theologie sind. Nur kann daraus nicht auf einen religiösen Charakter der Kunst schlechthin geschlossen werden.

Ich plädiere deshalb entschieden dafür, den autonomen Charakter der Kunst und Ästhetik der Moderne von seiten der Theologie nicht allein anzuerkennen, sondern diesen autonomen Charakter theologisch positiv zu würdigen. Denn gerade weil die Kunst etwas anderes als Religion ist, wird sie der Theologie zu einem fruchtbaren Gesprächspartner. Wären Religion und Kunst letztlich irgendwo oder irgendwie identisch, so wäre das Gespräch zwischen Kunst und Religion, zwischen Theologie und Ästhetik ja gar kein Dialog mehr, sondern ein verkannter oder verkleideter Monolog. Erst aus der Differenz zwischen Kunst und Religion erwächst die Fruchtbarkeit des Dialogs zwischen Theologie und Ästhetik.

III.

Abschließend soll nun in drei exemplarischen Punkten die These von der theologisch fruchtbaren Spannung zwischen Kunst und Religion, zwischen Ästhetik und Theologie konkretisiert werden. Die neuzeitliche Autonomie von Kunst und Ästhetik stellt in der Tat eine Herausforderung für Theologie und Kirche dar. Allein es handelt sich dabei nicht um eine destruktive Herausforderung derart, daß die Ästhetik der Moderne der kirchlichen Verkündigung ihre Grundlagen entzöge. Vielmehr handelt es sich um eine Herausforderung, die Theologie und Kirche in den Stand versetzt, ihre eigenen Grundlagen aufs neue zu bedenken und in diesem Reflexionsprozeß auch die Gestalt ihrer Verkündigung besser verantworten zu können.

1. Die Werke der ästhetischen Moderne gewähren uns einen ungeschminkten Einblick in die Beschaffenheit unserer Wirklichkeit. Wer die Bilder eines Otto Dix sieht, der sieht die Verheerungen des modernen Massenkrieges. Wer die Bücher eines Max Frisch liest, der weiß wie gefährdet die menschliche Subjektivität in einer satten Wohlstandsgesellschaft ist. Wer die Musik eines Anton Webern hört, der erfährt die Dissonanzen einer Konkurrenzgesellschaft sinnlich-konkret. Diesem Niveau der Weltwahrnehmung hat sich die kirchliche Verkündigung zu stellen. Dafür sei ein ganz praktisches Beispiel benannt. Von den einschlägigen Verlagen werden den Pfarrerinnen und Pfarrern in reichlichem Maße Verteilschriften angeboten, die für Geburtstagsbesuche bei älteren Menschen gedacht sind. In diesen Schriften begegnet eine eigentümliche Ästhetik der Bilder (meist farbige Photographien), die dort reproduziert sind. Wir sehen Wolken, die über wogende Ährenfelder ziehen, aber wir sehen nicht die Autobahn daneben. Wir sehen Fachwerkhäuser, aber wir se-

hen nicht die städtebaulichen Sünden, die auch und gerade die kleineren Städte getroffen haben. Wir sehen einen Blumenstrauß, der aber nichts von Herbiziden und Pestiziden weiß. Diese Ästhetik ist meilenweit entfernt von dem, was wir mit Recht die Ästhetik der Moderne nennen. Und es stellt sich die Frage, was Pfarrerinnen und Pfarrer eigentlich tun, wenn sie den Menschen solche Bilder ins Haus bringen. Ich befürchte, daß wir damit Weltwahrnehmung eher verhindern denn befördern. Eben weil wir praktisch nichts als ästhetischen Kitsch ins Haus bringen. Was es heißt, ästhetisch anspruchsvolle und theologisch verantwortliche – und das eine ist vom anderen nicht zu trennen – Verteilschriften herzustellen, das haben wir anscheinend noch nicht begriffen. Gerade aber solche ästhetisch anspruchsvollen und theologisch verantwortlichen Verteilschriften werden in einer multikulturellen Gesellschaft, deren Kennzeichen ein rasanter Traditionsabbruch ist, nötiger denn je, weil wir uns auf eingespielte und selbstverständliche Kommunikationsstrukturen zwischen der Institution Kirche und den Menschen, die ihr angehören, nicht mehr verlassen können. Wer hier unterhalb des von der ästhetischen Moderne gesetzten Niveaus ansetzt, der ist von vornherein zum Scheitern verurteilt.

2. Es ist ein Kennzeichen der ästhetischen Moderne, daß sie Strukturen nicht allein verändert, sondern als Strukturen fraglich macht. Dies gilt auch für die Sprache. Der Expressionismus und vor allem der Dadaismus gehen nicht allein mit der Sprache um, sondern sie führen uns an die Sprachstrukturen und deren Verfaßtheit selbst heran. Dies geschah zu derselben Zeit als die neue theologische Bewegung der Dialektischen Theologie von der »Not der christlichen Verkündigung« sprach. Es ist schade, daß es damals offensichtlich nicht gelungen ist, diesen neuen theologischen Aufbruch fruchtbar zu beziehen auf das, was zur selben Zeit ästhetisch

von Expressionismus und Dadaismus geleistet wurde. Zwar gibt es zweifelsohne untergründige Verbindungslinien, jedoch ist es nicht gelungen, diese explizit und damit fruchtbar zu machen. Am ehesten hat Paul Tillich ein Gespür für diese Zusammenhänge entwickelt.

Insofern ist uns das dort nicht aufgenommene Problem auch heute noch gestellt. Christliche Verkündigung gibt es nicht ohne eine verantwortlichen Umgang mit der Sprache. Verantwortlichen Umgang mit der Sprache aber können wir an erster Stelle aus der Beschäftigung mit poetischen Texten lernen. Poesie führt uns an die Strukturen der Sprache und des Sinnes, der dort artikuliert wird, heran. Nichts ist für eine Predigt schädlicher, als daß uns dort ständig sprachliche Klischees begegnen. Ich sage dies durchaus selbstkritisch. Aus eigener Praxis weiß ich, wie verführerisch es ist, dort, wo ein Gedanke theologisch kompliziert wird und ins Neuland ruft, dann eben doch zu der vertrauen und eingespielten Formel zu greifen. Und damit ist zugleich die anstehende theologische Entdeckung homiletisch verspielt.

Die Poesie möchte dazu Mut machen, sich den Entdeckungen in der Sprache anzuvertrauen und auf sie zu vertrauen. Der Literaturwissenschaftler Johannes Anderegg hat zu Recht davon gesprochen, daß die Sprache der Poesie uns »Anweisung zur Erprobung von Wahrnehmungen und Vorstellungen«[14] ist. Poetische Sprache möchte nicht allein Sachen bezeichnen, sondern sie möchte Sinn konstituieren. Insofern jedoch ist die Poesie unabdingbare Sprachschule für das, was wir dann getrost christliche Verkündigung nennen mögen.

3. Freiheit ist ein zentraler Begriff der christlichen Theologie. Wo aber machen wir heute noch Freiheitserfahrungen? Wo

---

14 Johannes Anderegg, Sprache und Verwandlung. Zur literarischen Ästhetik, Göttingen 1985, S. 51.

werden wir geschult, uns neue Perspektiven und Wahrneh-
mungsräume zu erschließen? Die neuen wissenschaftlichen
Ansätze der Rezeptionsästhetik und der Semiotik haben uns
gelehrt, das Kunstwerk als den Ort zu begreifen, an dem solche
Erfahrungen gemacht werden können. Diese Erkenntnis ist
nicht neu, sie ist aber durch die Rezeptionsästhetik und Semiotik präzisiert worden. So hat Umberto Eco den Begriff des
»offenen Kunstwerks« geprägt. Er erläutert diesen Begriff folgendermaßen: »Die Poetik des ›offenen‹ Kunstwerks strebt...
danach, im Interpreten ›Akte bewußter Freiheit‹ hervorzuru-
fen, ihn zum aktiven Zentrum eines Netzwerks von unaus-
schöpfbaren Beziehungen zu machen, unter denen er seine
Form herstellt, ohne von einer Notwendigkeit bestimmt zu
sein, die ihm definitive Modi der Organisation des interpre-
tierten Kunstwerks vorschriebe.«[15] Zugleich macht Eco deutlich, daß mit den Begriffen ›Freiheit‹ und ›Nichtnotwendig-
keit‹ keinesfalls Willkür oder Beliebigkeit gemeint sind: »Das
Kunstwerk in Bewegung, so kann man zusammenfassend sagen, bietet die Möglichkeit für eine Vielzahl persönlicher Ein-
griffe, ist aber keine amorphe Aufforderung zu einem beliebi-
gen Eingreifen: es ist die weder zwingende noch eindeutige
Aufforderung zu einem am Werk selbst orientierten Eingreifen, die Einladung, sich frei in eine Welt einzufügen, die gleichwohl immer noch die vom Künstler gewollte ist.«[16]
Im Grunde beschreibt der Begriff des ›offenen Kunstwerks‹
genau das, was auch in einer guten Predigt geschehen soll. Es
sollen dort keine Inhalte diktiert werden, wohl aber soll ein
Horizont eröffnet werden, in dem die Hörerinnen und Hörer
ihre eigenen Erfahrungen der Freiheit machen können. Insofern wird es aber nur dort eine gute Predigt geben können,
wo der Prediger oder die Predigerin wissen, was ein gelunge-

15 Umberto Eco. Das offene Kunstwerk, Frankfurt 1977, S. 31.
16 A. a. O., S. 54 f.

nes Kunstwerk ist und wie es beschaffen sein muß, um seine innovatorische Wirkung zu erzielen.

All dies kann sich aber die Theologie von der Begegnung mit der Kunst nur erhoffen, wenn sie diese als autonome Kunst gerade auch in ihrer Widerständigkeit akzeptiert. Wenn die Theologie schon immer alles besser weiß, dann sollte sie lieber die Hände von der Kunst lassen. Kunst darf nicht zum Transportvehikel für bereits vorab feststehende Inhalte verkommen. Sondern die Kunst stellt in ihrer Autonomie die Theologie stets aufs neue vor die Inhaltsfrage. Kommt in der Verkündigung der Kirche das, was wir Evangelium nennen, so zum Ausdruck, daß es von unseren Zeitgenossinnen und Zeitgenossen unter den Bedingungen einer multikulturellen Gesellschaft als befreiende Wahrheit gehört werden kann? Und deshalb wäre es »nicht die schlechteste Frage, die Theologen sich stellen könnten, ob ihr Denken und Reden Bestand hätte vor dem Werk eines Thomas Mann, eines Hermann Hesse, eines Robert Musil oder Bert Brecht«[17].

17 Walter Jens / Hans Küng / Karl-Josef Kuschel, Theologie und Literatur. Zum Stand des Dialogs, München 1986, S. 28.

Von der Wahrnehmung der Wahrnehmung

Gedanken zur Ausbildungssituation von Pfarrern und Pfarrerinnen in einer multikulturellen Gesellschaft

I.

Bekanntlich hat Bert Brecht seinem Parabelstück »Der gute Mensch von Sezuan« einen bemerkenswerten Schluß gegeben. Die Götter, die in der Absicht auf die Erde kamen, eine gute Ordnung zu schaffen, darauf jedoch eine nur noch größere Unordnung anrichten, diese Götter verlassen die Erde wieder und geben ihrer Ratlosigkeit in einem Appell Ausdruck:

»Verehrtes Publikum, jetzt kein Verdruß:
Wir wissen wohl, das ist kein rechter Schluß.
Vorschwebte uns die goldene Legende.
Unter der Hand nahm sie ein bitteres Ende.
Wir stehen selbst enttäuscht und sehn betroffen
Den Vorhang zu und alle Fragen offen...

Der einzige Ausweg wär aus diesem Ungemach:
Sie selber dächten auf der Stelle nach
Auf welche Weis' dem guten Menschen man
Zu einem guten Ende helfen kann.
Verehrtes Publikum, los, such dir selbst den Schluß!
Es muß ein guter da sein, muß, muß, muß!«[1]

So wie für Brecht dieser Schlußepilog kein didaktischer Trick ist, sondern eine echte Offenheit markiert[2], so kann auch die Erinnerung an diesen Text keine nur äußerliche Anküpfung

---

1 Bertolt Brecht, Gesammelte Werke. Band 4, Frankfurt 1967, S. 1607.
2 Vgl. dazu Hans Mayer, Anmerkungen zu Brecht, Frankfurt ⁵1975, S. 106.

sein. Denn allein die Radikalität der Brecht'schen Problem-
formulierung wird unserer gegenwärtigen Situation gerecht.

Wir können heute beobachten, daß die großen politisch-so-
zialen Handlungsentwürfe, die die Geschichte des 20. Jahrhunderts entscheidend bestimmt haben, in ihrer inneren und
äußeren Glaubwürdigkeit an ihr Ende gekommen sind. Ich
meine den planwirtschaftlich-sozialistischen Entwurf auf der
einen und den marktwirtschaftlich-kapitalistischen auf der
anderen Seite. Beide Entwürfe haben ihre Chance gehabt –
und beide haben auf je verschiedene Weise versagt. In der
ehemaligen Sowjetunion und den Ländern Ost- und Mittel-
europas wurden daraus in einer atemberaubenden Weise
praktisch-politische Konsequenzen gezogen. Dem entspricht
auf »unserer« Seite keine gleichartige Dynamik. Wer optimi-
stisch ist, kann vielleicht formulieren: *noch* keine gleichartige
Dynamik. Denn auf unserer Seite stehen wir zwar vor einem
andersgearteten, gleichwohl nicht minder explosiven Bündel
von Problemen: Verelendung in der sog. Dritten Welt als
Konsequenz der bestehenden Weltwirtschaftsordnung[3]; die
Gefährdung unserer natürlichen Ressourcen durch Umwelt-
zerstörung; innerhalb der wohlhabenden Länder eine zuneh-
mende soziale Kluft.

Verschärft wird diese Situation dadurch, daß wir mit diesen
Problemen in eine sehr konkrete Spannung hineingestellt
sind. Auf der einen Seite erkennen wir, daß lokale Probleme
stets in einem globalen Zusammenhang stehen und auch nur
in diesem Zusammenhang zu beantworten sind. Wir sehen,
daß der Hunger in der Dritten Welt mit das Resultat der
Hochrüstung in der Ersten und Zweiten Welt ist. Wir sehen,
daß die Abholzung der Regenwälder des Amazonasgebietes

---

3 Vgl. dazu Ulrich Duchrow, Weltwirtschaft heute – Ein Feld für Bekennende Kirche?, München 1986.

Auswirkungen bis in die Arktis und Antarktis hinein hat. Und wir sehen, daß Tschernobyl etwas mit Oberbayern zu tun hat. Zugleich erkennen wir, daß wir den globalen Problemen immer weniger mit den vertrauten globalen Antworten beikommen können. Neue Fragen und neue Antworten sind gesucht – und die können wir gegenwärtig offensichtlich noch nicht formulieren.

In diese allgemeine Lage ist auch die Situation der Kirche in unserem Lande eingebettet. Auf der einen Seite wachsen die Erwartungen an die Kirche. Man hofft dort auf Antworten, die man selber nicht geben kann. Zum anderen ist die Kirche selbst ratlos; ratloser vielleicht, als dies angesichts vieler Texte und Worte zur Lage, die es ja reichlich gibt, scheinen mag. Dies hat mit der spezifischen Situation der Kirche in der Bundesrepublik Deutschland zu tun. Diese Lage ist präzis in einem Satz zu beschreiben: *Das Konstantinische Zeitalter geht für uns allmählich zu Ende und wir wissen nicht, was danach kommt bzw. kommen sollte.* Verschiedene Antwortversuche dazu gibt es sicherlich. Die EKD-Studie »Christsein gestalten« möchte am Gedanken der Volkskirche unter veränderten Bedingungen gleichwohl festhalten und ist nicht zuletzt deshalb auch auf heftigen Widerspruch gestoßen.[4] Auf der anderen Seite haben die verschiedenen evangelikalen oder auch basiskirchlichen Gegenkonzepte gegenwärtig keine Chance, konsensfähig zu werden. Sie würden vielmehr bei ihrer Durchsetzung die Kirche zersplittern und stellen deshalb kein tragfähiges Modell für das nachkonstantinische Zeitalter dar.

Ganz offensichtlich ist es also gegenwärtig so, daß wieder einmal zu schnell Antworten gegeben werden, *bevor* man gründlich Fragen gestellt hat. Dies kann sich in zwei Richtun-

---

4 Vgl. dazu exemplarisch Michael Welker, Kirche ohne Kurs? Aus Anlaß der EKD-Studie ›Christsein gestalten‹, Neukirchen-Vluyn 1987.

gen auswirken. Zu schnelle Antworten begünstigen sowohl einen *theorielosen Pragmatismus* wie auch einen letztlich *praxisfernen Konzeptionalismus*. Beides läßt sich heute beobachten. Routiniers berufen sich jetzt gerne darauf, daß die Zeit der großen Ideologien vorbei sei. Diese Beobachtung ist an sich nicht falsch. Nur werden daraus die falschen Schlüsse gezogen, indem man dem grundsätzlichen Nachdenken über die Voraussetzungen und Bedingungen kirchlichen Handelns letztlich ein überholtes Verhaftet-Sein in Ideologien unterstellt. Auf der anderen Seite gerät ein allzu forsch voranschreitendes Ausbilden neuer Konzeptionen ohne konkrete Vermittlung in die volkskirchliche Realität hinein in die Gefahr, verkrusteten Verhältnissen nur mit innovatorischem Denken nicht aber mit real-veränderndem Handeln zu antworten. Die Revolution fände dann wieder einmal nur in den Köpfen statt und nicht in der Wirklichkeit, was – wie Karl Marx bekanntlich vermerkte[5] – eine typisch deutsche Angelegenheit zu sein scheint.

Beiden Gefahren, dem Pragmatismus wie dem Konzeptionalismus, ist – um einer real verändernden Praxis willen! – zu wehren. Dieser Gefahr soll an dieser Stelle mit einer Leitthese für die gegenwärtige Situation der Ausbildung von Pfarrerinnen und Pfarrern begegnet werden, die dann weiter zu entfalten ist. Diese These lautet: *Theologische Ausbildung muß unter den gegenwärtigen Bedingungen in erster Linie zur kritischen Wahrnehmung der Wirklichkeit befähigen.* Alle anderen Zielbestimmungen, die es natürlich auch gibt, können erst auf dieser grundlegenden Zielbestimmung aufbauen.

5 »Die Deutschen haben in der Politik gedacht, was die anderen Völker getan haben. Deutschland war ihr theoretisches Gewissen. Die Abstraktion und Überhebung seines Denkens hielt immer gleichen Schritt mit der Einseitigkeit und Untersetztheit ihrer Wirklichkeit.«(Karl Marx, Zur Kritik der Hegelschen Rechtsphilosophie. Einleitung, in: Marxs-Engels I, Studienausgabe, Frankfurt 1966, zit. Stelle S. 23 f.)

II.

Bei der Entfaltung dieser These möchte ich in einem ersten Schritt in ein kritisches Gespräch eintreten mit den von der Gemischten Kommission für die Reform des Theologiestudiums vorgelegten »Grundsätzen für die Ausbildung und Fortbildung der Pfarrer und Pfarrerinnen der Gliedkirchen der EKD«. Dieses Papier weist nämlich in eine Richtung, die ich in unserer gegenwärtigen Situation nicht nur für hilfreich halte. Meine kritische Anfrage möchte aber nicht die Tatsache verdecken, daß in das Papier viele weiterführende Gedanken und Anregungen eingegangen sind.

Der Basis-Satz des Papiers der Gemischten Kommission lautet: »›Theologische Kompetenz‹ ist der Inbegriff der Fähigkeiten, die für die *auftragsgemäße* und *professionelle* Führung des Pfarramtes erforderlich sind.«[6] Dabei ist das Herbeiführen einer solchen Kompetenz Aufgabe der Ausbildung der Theologinnen und Theologen in allen Phasen (Universität, Predigerseminar, Fortbildung im Beruf). Damit ist jedoch eine folgenschwere Entscheidung getroffen. Angelpunkt der Ziel- wie der Methodenbestimmung der Ausbildung sind für die Gemischte Kommission die *Lehre* und das *Amt*, wobei die Lehre für die Auftragsgemäßheit und das Amt für die zu gewährleistende Professionalität steht.

Diese Grundentscheidung hat weitreichende Folgen, die in allen nachfolgenden Argumentationen des Papiers zu beobachten sind. Wo Lehre und Amt die Eckpfeiler der Ausbildung darstellen, geht es letztlich primär um *Aneignung* und

---

6 Gemischte Kommission für die Reform des Theologiestudiums: Grundsätze für die Ausbildung und Fortbildung der Pfarrer und Pfarrerinnen der Gliedkirchen der EKD. Als Manuskript hg. vom Kirchenamt der EKD, Hannover 1988, S. 6.

weniger um *Innovation*. Das geschichtlich Gewordene erhält ein uneinholbares Prae vor dem jeweils geschichtlich Möglichen. Die Theorie (und zwar die überkommene Theorie) geht der Praxis voraus und dominiert sie. Daß demgegenüber – wie dies Helmut Gollwitzer erhellend formuliert hat[7] – Theorie (und damit auch die Theologie) zwischen vorausgehender, kritisch zu reflektierender Praxis und nachfolgender, phantasievoll zu initiierender Praxis steht, würde von der Gemischten Kommission wohl nicht bestritten werden, geht in ihre inhaltliche Gesamtkonzeption jedoch nicht deutlich genug ein.

Darüber hinaus ergeben sich noch im engeren Sinne theologische Anfragen an den Weg, den die Gemischte Kommission vorschlägt. Was geschieht, wenn die »Lehre« plötzlich so in den Mittelpunkt einer Ausbildungstheorie gestellt wird? Zwar weiß die Kommission und erwähnt dies auch explizit, daß die Reformation das »biblische Offenbarungszeugnis zur ›einzigen Regel und Richtschnur‹ aller Lehre der Kirche«[8] gemacht hat. Nur stellt sich dann sofort die Frage, wieso die Kommission dem biblischen Offenbarungszeugnis nicht den systematischen Ort einräumt, den sie stattdessen dem Begriff der Lehre zuweist. Ich vermute dahinter letztlich ein Kontroll-Interesse. »Lehre« läßt sich fixieren, sie läßt sich einklagen, gegebenenfalls administrativ-disziplinarisch durchsetzen. Dies widerspricht jedoch diametral den Kommunikationsformen, die dem biblischen Offenbarungszeugnis entsprechen.

Wer sich auf dieses Zeugnis einläßt, der gerät mit einer bestimmten Geschichte in Berührung: der Geschichte Gottes mit Israel und der Geschichte des in Jesus von Nazareth zur

---

7 Vgl. dazu Helmut Gollwitzer, Befreiung zur Solidarität. Einführung in die Evangelische Theologie, München 1978, S. 38.
8 Gemischte Kommission, a. a. O., S. 31

Welt kommenden Gottes. Diese Geschichte ist zu Recht immer wieder als Befreiungsgeschichte erfahren und so auch artikuliert worden. Dies heißt: Das Hören auf diese Geschichte eröffnet einen Freiheitsraum. Die Gleichnisse Jesu – um *eine* prägnante Form dieses Offenbarungszeugnisses zu nennen – distanzieren uns von der Welt und setzen uns zugleich aufs neue zu ihr in Beziehung. Aus dieser Differenz erwächst Freiheit. Deshalb ist die Kommunikationsstruktur des Offenbarungszeugnisses gekennzeichnet durch Freiheitseröffnung. Das Hören auf dieses Zeugnis erreicht in dem Augenblick sein Ziel, in dem eine neue Freiheit zur Welt-Erfahrung möglich wird. Insofern hat dieses Hören auch stets eine innovatorische Dimension.

Ganz anders die – in ihren Grenzen gleichwohl berechtigte und notwendige – Funktion der *Lehre*. Die christliche Lehre reflektiert diese Freiheitserfahrung, ist jedoch nicht mit ihr zu verrechnen oder gar identisch. Lehre ist das begrifflich kontrollierte, abgrenzende und somit stets auch begrenzende Danach dieser Freiheitserfahrung. Deshalb ist die Lehre auch in ihrer Gültigkeit zeitlich begrenzt; sie ist stets daran zu messen, ob sie die an den biblischen Offenbarungszeugnissen gewonnene Freiheitserfahrung noch zeitgemäß und sachadäquat zu formulieren vermag. Lehre ist deshalb eine abgeleitete, sekundäre Lebensäußerung der Kirche. Aus diesem Grunde möchte ich davor warnen, die »Lehre« zum Zentralbegriff einer Zielbestimmung der kirchlichen Ausbildung zu machen.

Ähnliche Bedenken gelten nun auch hinsichtlich des anderen Grundbegriffes, der die Gemischte Kommission leitet, nämlich der Begriff des *Amtes*. Die Gemischte Kommission stellt für die zweite Phase der Ausbildung, also für das Vikariat, fest: Der »*spezifische* Gegenstand des Vorbereitungsdienstes sind *Handlungen unter den objektiven Gegebenheiten und Anforderungen des Amtes, in die der Kandi-*

dat selbst als Akteur involviert ist«[9]. Was geschieht, wenn der Amts-Begriff derart in den Mittelpunkt rückt? Die geschichtlich gewordene Ausprägung des jeweiligen Amtes bekommt ein uneinholbares Prae vor den geschichtlich sich eröffnenden Möglichkeiten. Die von der Gemischten Kommission benannten »objektiven Gegebenheiten« des Amtes finden sich immer schon vor. Sie sind Resultat vorgängiger Entscheidungen, die aber nicht ungeprüft hingenommen werden sollten, sondern auf ihre Tragfähigkeit hin zu prüfen sind. Dem könnten die Mitglieder der Gemischten Kommission wohl ohne weiteres zustimmen. Nur wird diesem kritischen Anliegen der Ansatz beim Amts-Begriff nicht gerecht. Zu sehr besteht die Gefahr, daß eine empirisch-positivistische Sicht der Kirche an die Stelle einer theologisch-kritischen Ekklesiologie tritt.[10] Was das Amt ist, was es leisten soll, und wie es in seiner konkreten Ausgestaltung auszusehen hat, entscheidet sich doch erst dort, wo jeweils aufs neue eine bestimmte Situation, in der das Amt steht und der es dienen soll, theologisch qualifiziert wird. Situationen aber sind – woran nicht zuletzt Ernst Lange nachdrücklich erinnert hat[11] – zu entdecken, sie sind nicht einfach vorgegeben.

Deshalb sollen diese Anfragen an den Grundansatz der Gemischten Kommission in einem Gegenvorschlag zusammengefaßt werden. Es erscheint mir wesentlich sachgerechter, anstelle der Begriffe »Lehre« und »Amt« den Ausgangspunkt für eine Zielbestimmung der theologischen Ausbildung bei den Begriffen *biblisches Offenbarungszeugnis* (und das heißt

9 A. a. O., S. 43.
10 Vor einer ekklesiologischen Verengung der Praktischen Theologie insgesamt warnt zu Recht Gert Otto, Grundlegung der Praktischen Theologie, München 1986, bes. S. 69–80.
11 Vgl. dazu Ernst Lange, Predigen als Beruf, 2. Aufl. München 1987; Ders., Kirche für die Welt, München 1981.

konkret der darin überlieferten Freiheitsgeschichte) auf der einen und der jeweils aufs neue zu ermittelnden *Situation* auf der anderen Seite zu nehmen. Dieser Vorschlag greift in seinem systematischen Gehalt das Interesse der Gemischten Kommission auf, nämlich einen präzisen Ausgangspunkt für eine Begründung der theologischen Ausbildung zu gewinnen, er tut dies jedoch in einem wesentlich umfassenderen Sinne als dies in dem vorgelegten Entwurf der Fall ist, indem er den Momenten von *Rezeption* und *Identifikation* (diesen gilt das besondere Interesse der Gemischten Kommission) die Momente von *Innovation* und *kritischer Perspektive* an die Seite stellt.

III.

Damit bekommt der Begriff der *Wahrnehmung* eine fundamentale Bedeutung. Sowohl das biblische Offenbarungszeugnis wie auch eine zu ermittelnde Situation sind auf eine doppelte Weise auf Wahrnehmung bezogen: sie sind ihrerseits das Resultat von Wahrnehmung wie sie andererseits neue Wahrnehmung provozieren.
In Bezug auf das biblische Offenbarungszeugnis ist uns dies, die wir aus einer Zeit der Hochkonjunktur der Hermeneutik herkommen, geläufig. Etwas unterbelichtet – weil die Hermeneutik allzusehr auf schriftliche Texte bezogen war – blieb dabei jedoch, daß es um eine umfassende Form der Wahrnehmung geht. Die biblischen Offenbarungszeugnisse bringen ja die Welt als Ganze zur Sprache. Das heißt in unserem Reflexionshorizont: Es geht um Wahrnehmung in all ihren Dimensionen, wobei hermeneutisch nicht exklusiv das Paradigma der bürgerlichen Studierstube leitend sein kann. Wenn

Mose Gott im Brennenden Dornbusch wahrnimmt (Exodus 3), so ist er daran mit seiner ganzen Leidenschaft beteiligt, die ihn schließlich in die politische Praxis des Exodus hineinführt.[12] Getragen von einer besonderen Wahrnehmung tritt Mose, durchaus nicht ohne innere Widerstände, vor Pharao hin. Und – um ein weiteres Beispiel zu nennen – Psalm 19 folgt einer Hermeneutik der Schöpfungswahrnehmung, indem er auf die eigentümlich sprachlose Sprache sinnlichen Vernehmens aufmerksam macht.[13] Eine auf die sprachlich-kognitive Dimension reduzierte Hermeneutik kann deshalb von den biblischen Texten (und insbesonders denen der Hebräischen Bibel) nur lernen. Wahrnehmung ist dort auf die ganze Bandbreite sinnlichen Vernehmens bezogen und umfaßt Denken und Handeln, Theorie und Praxis mithin, gleichermaßen.

Deshalb wird diesen Texten auch nicht, wie dies Peter Stuhlmacher vorgeschlagen hat[14], die exklusive Orientierung an einer »Hermeneutik des Einverständnisses« gerecht. Ich teile Stuhlmachers Interesse, das biblische Offenbarungszeugnis in seinem widerständigen Potential wahrzunehmen, nur scheint mir dieses Interesse mit dem Stichwort einer Hermeneutik des Einverständnisses viel zu harmlos artikuliert, zumal Stuhlmacher dabei der kirchlichen Lehre unter der Hand ein hermeneutisches Prae einzuräumen scheint. Die biblischen Zeugnisse führen uns jedoch immer in Einverständnis

---

12 Vgl. dazu Albrecht Grözinger, Praktische Theologie und Ästhetik. Ein Beitrag zur Grundlegung der Praktischen Theologie, München ²1991, S. 92–96.
13 Vgl. dazu a. a. O., S. 113 f. Auf die Aktualität einer ›Sprache der Natur‹ angesichts der ökologischen Krise macht aufmerksam Gernot Böhme, Für eine ökologische Naturästhetik, Frankfurt 1989, S. 121–138.
14 Vgl. dazu Peter Stuhlmacher, Vom Verstehen des Neuen Testaments. Eine Hermeneutik, Göttingen 1979, bes. S. 205–225.

und Widerspruch, in Engagement *und* Distanz gleichermaßen hinein, sind doch die biblischen Texte ihrerseits das Ergebnis eines *kritischen* Dialogs und nicht nur eines bruch-
losen Einverständnisses. Die Kanonentscheidung der Kirche
hat mit ihrem Verzicht auf eine die Spannungen ausglei-
chende Nivellierung widersprüchlicher Texte nur bestätigt,
daß der Kanon ein Interpretationsraum ist, in dem auch der
Widerspruch seinen legitimen theologischen Ort hat. Die reformatorische Hermeneutik und insbesonders das Schriftver-
ständnis Martin Luthers hat diese Grundentscheidung der
Alten Kirche bestätigt.

Geschult an dieser kritischen Hermeneutik der Wahrnehmung können wir dann auch jeweils aufs neue gegenwärtige
»Situationen« erschließen. Der Begriff der *Situation* ist auf
eine kritische Hermeneutik geradezu angewiesen. Das, was
eine Situation ist, ist nämlich nur dort begriffen, wo deutlich
wird, daß Situationen nur in einem Akt der erschließenden
Wahrnehmung erkannt werden. Situationen sind nicht einfach vorgegeben, sie müssen ›entdeckt‹, ›entschlüsselt‹, ›identifiziert‹ werden. Dies kann durch keine Theorie, keine Lehre
ersetzt werden. Situationen werden nur erkannt, indem man
sich wahrnehmend in sie hineinbegibt.

Deshalb muß eine theologische Ausbildung, die sich an den
beiden Polen von biblischem Offenbarungszeugnis und
konkreter Situation orientiert, die Befähigung zur Wahrnehmung in die Mitte ihrer Bemühungen stellen. Mit dieser
These ist zugleich einem weit verbreiteten Mißverständnis
widersprochen. So sehr sich nämlich das Erschließen des biblischen Offenbarungszeugnisses, so sehr sich das Entdekken von Situationen letztlich methodisch nicht herbeizwin-
gen läßt, so sehr läßt sich die Befähigung zur Wahrnehmung
methodisch erlernen. Wenn auch das Gelingen selbst nicht
methodisch garantiert werden kann, so lassen sich doch Methoden auf dem Weg zum Gelingen bestimmen. Und eben

dies ist eine der wichtigsten Aufgaben der Ausbildung: Methoden kritischer Wahrnehmung zu ermitteln und zu erproben.

IV.

Abschließend sollen nun drei solcher Horizonte methodisch reflektierter Wahrnehmung skizziert werden.

1. Eine Grundvoraussetzung dafür, Wahrnehmung überhaupt unter methodischen Gesichtspunkten in den Blick zu bekommen, ist die Einsicht in das historische Gewordensein und die gesellschaftliche Bedingtheit all unserer Wahrnehmungsakte. Wahrnehmung ist nur insofern eine anthropologische Konstante, als alle Menschen in den verschiedensten historischen Epochen und Kontexten Wahrnehmungen gemacht haben und machen. *Wie* sich allerdings diese Wahrnehmungsakte gestalten, ist historisch durchaus variabel. Es gibt nicht *den* menschlichen Blick. Es ist nicht selbstverständlich ausgemacht und festgelegt, *wie* wahrgenommen wird, *was* wahrgenommen wird und *welche Folgen* diese Wahrnehmung hat. Soviel allerdings ist sicher, daß die Akte unserer Wahrnehmung entscheidend unsere Identität bestimmen. Wir sind – zumindest auch – das, was wir wahrnehmen.
Gernot Böhme hat in diesem Zusammenhang darauf aufmerksam gemacht, daß wir immer schon in »*Atmosphären*« eingebettet sind. Er beschreibt diesen Umstand wie folgt: Atmosphären »sind als ›quasi objektiv‹ zu bezeichnen, insofern sie zwar nicht wie Objekte vorfindlich, aber doch durch gegenständliche Arrangements praktisch erzeugbar sind. In Atmosphären von Umgebungen, seien es nun Atmosphären von

154

Landschaften, von Plätzen oder Innenräumen, kann man ›hineingeraten‹. Atmosphären ›hängen‹ an Dingen und gehen von Dingen und Menschen aus. Atmosphären sind zwar nicht ›objektiv‹ – und das heißt im Sinne neuzeitlicher Wissenschaft durch Apparate – feststellbar, aber es gibt gleichwohl darüber eine intersubjektive Verständigung.«[15]

Böhme erinnert damit an einen fundamentalen und gleichwohl hochkomplexen Zusammenhang. Unsere Wahrnehmungsakte vollziehen sich immer im Kontext von Atmosphären, die das Ergebnis vorgängigen menschlichen Handelns sind. Zugleich bildet das aus unseren Wahrnehmungsakten resultierende Handeln neue Atmosphären aus. Wahrnehmung und Handeln stehen somit zueinander in einer historischen Dialektik. Sie sind das Ergebnis von geschichtlich gewordenen Atmosphären und bilden neue Atmosphären aus.

Deshalb gehört zu einem methodisch reflektierten Umgang mit Wahrnehmung an erster Stelle die Wahrnehmung dieser Dialektik selbst sowie die daraus resultierende Nötigung zu einer kritischen Prüfung derjenigen Atmosphären, die die Bedingungen unserer Wahrnehmungen und unseres Handelns sind. *Es geht also um die Wahrnehmung unserer Wahrnehmung.* Dies kann heißen: Was richtet die Atmosphäre ›Kirche‹ in der Atmosphäre einer Konkurrenzgesellschaft aus? Kann die Atmosphäre ›bürgerlicher Schreibtisch‹ der Atmosphäre einer anonymisierenden Neubausiedlung gerecht werden? Wie verhält sich die Atmosphäre eines Predigerseminars zur Atmosphäre einer lateinamerikanischen Basisgemeinde?

Atmosphären können sich gegenseitig bestreiten, sie können sich gegenseitig bereichern, sie können sich gegenseitig ausschließen. Hier zu begründeten Wahrnehmungs-Urteilen

15 Gernot Böhme, a. a. O., S. 11.

kommen zu können, dürfte eines der wichtigsten Ziele der theologischen Ausbildung sein.

2. Damit begründete Wahrnehmungs-Urteile gefällt werden können, ist es notwendig, sich in der Weise in Atmosphären hineinzubegeben, daß dort zwar Wahrnehmungen gemacht werden, diese jedoch zugleich stets auch korrigiert werden können. Von daher kommt in der Ausbildung dem Denken und Handeln in *Modellen* eine besondere Bedeutung zu. Theodor W.Adorno hat dazu bemerkt: »Das Modell trifft das Spezifische, ohne es in seinen allgemeinen Oberbegriff zu verflüchtigen.«[16] Dies macht das »Modell« für den Weg hin zu begründeten Wahrnehmungsurteilen so fruchtbar. Im Modell können Wahrnehmungen auf ihre Tragfähigkeit hin überprüft und notfalls auch korrigiert werden.

Deshalb muß die theologische Ausbildung – und hier ist besonders an die zweite Ausbildungsphase, das Vikariat, zu denken – genügend Raum für Wahrnehmungen und Handeln in Modellen geben. Es geht um konkrete Praxis-Projekte, die sich nicht scheuen dürfen, Experimente zu sein. Dies bedeutet zugleich, daß diejenigen, die sich in solche Experiment-Atmosphären hineinbegeben, keinen administrativen oder gar disziplinarischen Gegenmaßnahmen unterworfen werden dürfen. Die Erprobung von Wahrnehmungen im konkreten Praxis-Experiment ist kein modisches Surplus theologischer Ausbildung, sondern deren unverzichtbarer und deshalb schützenswerter und förderungswürdiger Bestandteil. Dies hat Konsequenzen bereits auch für den universitären Teil der Ausbildung. Der Gedanke des Projekt-Studiums, um den es ja in den letzten Jahren wieder sehr still geworden ist, bekommt vom Ausbildungs-

---

16 Theodor W. Adorno, Negative Dialektik, Frankfurt 1966, S. 37.

ziel kritischer Wahrnehmungsfähigkeit her eine neue Dringlichkeit.

3. In einer gewissen Spannung, wenn auch nicht in einem Gegensatz zu den bisher genannten zwei Horizonten steht eine dritte, abschließende Überlegung. Ging es bisher darum, die historische Bedingtheit aller Wahrnehmung im Interesse an Innovation von neuer Wahrnehmung in Modellen und Experimenten in den Blick zu bekommen, so gilt gleichwohl, daß gerade Innovation auf eine sie begleitende, auch begriffliche Reflexion nicht verzichten kann. Wahrnehmung ist auf eine kritisch unterscheidende, und das heißt stets auch *inhaltlich* argumentierende Ästhetik verwiesen. Freiheit bedeutet gerade nicht Indifferenz gegenüber Gestaltungsprozessen, sondern Freiheit ist als eine bestimmte Form von Gestaltungprozessen zu identifizieren.

Dies läßt sich im kritischen Gegenüber zur faschistischen Ästhetik verdeutlichen. Der Faschismus ist ohne seine Ästhetik nicht denkbar. Walter Benjamin hat nicht zu Unrecht den Faschismus als eine bestimmte Form der »Ästhetisierung der Politik«[17] gekennzeichnet. Man denke an die Parteitags-Regie in Nürnberg, an die Licht-Dome, die über Berlin erstrahlten, an das alljährliche Todes-Ritual vor der Feldherrnhalle in München. Gemeinsames Kennzeichen dieser ästhetischen Inszenierungen ist das Bemühen um die Einordnung, ja Vernichtung des Individuums unter den einen Willen des Führers. Menschen interessieren die faschistische Ästhetik nur als »Ornament der Masse«[18]. Inso-

17 Walter Benjamin, Gesammelte Schriften I/2, Frankfurt 1974, S. 508; vgl. dazu auch Susan Sontag, Im Zeichen des Saturn, Frankfurt 1983, S. 96–125 und S. 148–175.
18 Vgl. dazu Siegfried Kracauer, Das Ornament der Masse, Frankfurt 1963; Ders., Von Caligari zu Hitler, Frankfurt 1984.

fern ist die faschistische Ästhetik eine Ästhetik, in der ein individuelles Freiheitsgefühl vergehen muß und auch vergehen soll.

Verweisen demgegenüber die biblischen Offenbarungszeugnisse auf eine Freiheits-Geschichte, so muß eine dieser Geschichte heute entsprechende Wahrnehmung einer *Ästhetik der Freiheit* folgen. Umberto Eco hat es als das Wesen eines Kunstwerks bezeichnet, eine Kette innovatorischer Wahrnehmungsprozesse auszulösen.[19] Wahrnehmung und Handeln im Raum der Kirche kann deshalb dem Paradigma des Kunstwerks folgen. Zugespitzt formuliert bedeutet dies: Wahrnehmen und Handeln in der Kirche sind selbst ein Stück Kunst. Friedrich Schleiermacher, der Vater der Praktischen Theologie, hat diesen Zusammenhang treffsicher erkannt und formuliert, wenn er der Praktischen Theologie die Aufgabe zuschreibt, Kunst-Lehre der Praxis zu sein.[20] Dies exakt ist die Aufgabe theologischer Ausbildung insgesamt, nämlich *zu einem praktischen Umgang mit den Regeln einer Ästhetik der Freiheit zu befähigen*.

Diese Ästhetik der Freiheit ist im Grunde sehr einfach. Aber das Einfache ist in unserer Welt offensichtlich nicht das Selbstverständliche. Und deshalb müssen wir uns das Einfache immer wieder durch neue Perspektiven erschließen und in mühsam zu erlernender Kunst praktisch vollziehen.

19 Vgl dazu Umberto Eco, Das offene Kunstwerk, Frankfurt 1977.
20 Vgl. dazu Friedrich Schleiermacher, Kurze Darstellung des theologischen Studiums, Hildesheim [4]1977, bes. §257-§338; Ders., Die praktische Theologie nach den Grundsätzen der evangelischen Kirche im Zusammenhange dargestellt, Berlin 1850; sowie Henning Luther: Praktische Theologie als Kunst für alle. Individualität und Kirche in Schleiermachers Verständnis der Praktischen Theologie, in: Zeitschrift für Theologie und Kirche 84 (1987), S. 371–393.

Erich Fried hat in einem klugen Gedicht an diese einfache und doch alles andere als selbstverständliche Art und Weise von Wahrnehmung erinnert. Er hat dies auf seine Weise einfacher und deshalb eindringlicher zu sagen vermocht, als dies jede theoretische Reflexion zu tun vermag. Deshalb soll Erich Frieds Gedicht diese Überlegungen zur Ausbildungssituation von Pfarrerinnen und Pfarrern in einer multikulturellen Gesellschaft unkommentiert abschließen:

»Es ist Unsinn,
sagt die Vernunft.

Es ist, was es ist,
sagt die Liebe.

Es ist Unglück,
sagt die Berechnung.
Es ist nichts als Schmerz,
sagt die Angst.
Es ist aussichtslos,
sagt die Einsicht.

Es ist, was es ist,
sagt die Liebe.

Es ist lächerlich,
sagt der Stolz.
Es ist leichtsinnig,
sagt die Vorsicht.
Es ist unmöglich,
sagt die Erfahrung.

Es ist, was es ist,
sagt die Liebe.«[21]

21 Erich Fried, aus: Es ist was es ist, Berlin 1983.

Personenregister

Adorno, Th. W. 83, 156
Anderegg, J. 140
Arendt, H. 97
Ariès, Ph. 110f.
Aristoteles 129
Asmussen, H. 64

Barth, K. 41f., 53ff., 89, 93ff., 117
Baudelaire, C. 46, 49
Bäumler, C. 96
Beckett, S. 136
Bellah, R. N. 19f.
Benjamin, W. 7, 45, 157
Bloch, E. 100
Blumenberg, H. 50
Bodelschwingh, F. v. 58
Böhme, G. 152, 154f.
Bohren, K. 95ff., 103, 115f., 124, 128
Boisen, A. T. 91f.
Brecht, B. 142ff.
Buber, M. 51
Bugenhagen, J. 113
Bultmann, R. 64f., 93
Burckardt, J. 127f., 131
Burke, P. 131
Busch, E. 70

Canetti, E. 40, 55, 108

Dante 131
Dix, O. 138
Doebert, H. 92
Duby, G. 130
Duchrow, U. 144

Eckermann, J. P. 17
Eco, U. 141, 157f.
Evers, T. 82

Finkielkraut, A. 16f., 34
Fischer, J. 27f.
Freud, A. 77
Freud, E. 80
Freud, L. 80
Freud, S. 76ff., 86, 106
Frey, C. 26
Fried, E. 99, 158f.
Frisch, M. 138

Gadamer, H.-G. 70
Gerbner, G. 101
Goebbels, J. 40
Goethe, J. W. v. 17
Gogarten, F. 115
Gollwitzer, H. 30, 148
Gombrowicz, W. 18
Graf, F. W. 26f.
Gregor von Nyssa 113
Grubrich-Simitis, I. 77, 80

KAISER TASCHENBÜCHER

KAISER TASCHENBÜCHER

KAISER TASCHENBÜCHER

KAISER TASCHENBÜCHER

KAISER TASCHENBÜCHER

KAISER TASCHENBÜCHER